Der Tod an der Grenze

Danksagung

Bedanken möchte ich mich bei den ehemaligen Kolleginnen und Kollegen am Kriminalgericht Moabit, die mir hilfreiche Informationen zu den öffentlichen Strafprozessen gegen Erich Honecker und andere Mitglieder des „Nationalen Verteidigungsrates der DDR" sowie gegen Egon Krenz und weitere Mitglieder des „Politbüros des Zentralkomitees der SED" haben zuteil werden lassen. Gleiches gilt hinsichtlich der übrigen in diesem Buch geschilderten Verfahren, soweit ich sie nicht persönlich geleitet habe. Erwähnt seien auch meine Mitstreiterinnen und Mitstreiter aus der Strafkammer 9, mit deren Hilfe ich sechs „Mauerschützenverfahren" zügig habe durchführen können.

Mein besonderer Dank gilt meiner Kollegin, Partnerin und „Privatlektorin" Gisela Hampel, die das Entstehen auch dieses zweiten Buches wohlwollend-kritisch begleitet hat und zudem durch wiederum aufmerksames Korrekturlesen wichtige Hilfestellung geleistet hat.

Helmut Schweckendieck

Der Tod an der Grenze

über Opfer, Täter und ihre Richter

eine Bilanz

Bibliografische Information der Deutschen Nationalbibliothek:
Die Deutsche Nationalbibliothek verzeichnet diese Publikation in der
Deutschen Nationalbibliografie; detaillierte bibliografische Daten sind im
Internet über dnb.dnb.de abrufbar.

© 2020 **Helmut Schweckendieck**
Mauerfoto: von Mitarbeitern des Ministeriums der Staatssicherheit
der ehemaligen DDR (Quelle: BStU)
Autorenfoto: Pressefotograf Lennart Preiss (Quelle: ddpimages)
Satz, Umschlaggestaltung, Herstellung und Verlag:
BoD – Books on Demand, Norderstedt
ISBN 978-3-7526-6453-9

Inhalt

Vorwort

Die bundesdeutsche Gesellschaft hat sich in den ersten Jahrzehnten ihrer Existenz nicht eben mit Ruhm bekleckert, was die Auseinandersetzung mit dem nationalsozialistischen Unrecht betraf. Überwiegend herrschte eine Schlussstrichmentalität, viele Karrieren kleiner, mittlerer und auch größerer Nazis gingen in der jungen Bundesrepublik relativ nahtlos weiter. Mangel- und lückenhaft war auch die strafrechtliche Aufarbeitung dieses finsteren Kapitels der deutschen Geschichte. Den wenigen mutigen Männern wie dem Frankfurter Generalstaatsanwalt Fritz Bauer, der ab 1963 gegen erheblichen Widerstand sogar aus seiner eigenen Behörde die Auschwitzprozesse durchsetzen konnte, wurden oftmals Steine in den Weg gelegt. Kein einziger Richter des „Volksgerichtshofes" ist in der Bundesrepublik jemals rechtskräftig verurteilt worden. Erst in den letzten Jahren sind Greise, die als ganz junge Männer in Konzentrationslagern Handlangerdienste geleistet hatten, vor Gericht gestellt und auch verurteilt worden, was zwar richtig und wichtig ist, die Versäumnisse der Vergangenheit jedoch nicht zu heilen vermag.

Nach dem Untergang der DDR bot sich nun eine Chance, aus den vorgenannten Fehlern und Versäumnissen zu lernen. Zwar muss hier in aller Deutlichkeit gesagt werden, dass es sich verbietet, die in der Geschichte der Menschheit wohl einzigartige Mordmaschinerie der Nationalsozialisten mit Geschehnissen in der DDR auch nur in etwa gleich zu setzen; es bedarf aber andererseits auch keiner besonderen juristischen Kenntnisse, um doch zumindest Zweifel daran zu haben, ob es in Ordnung war, Menschen, die sich nichts weiter hatten zuschulden kommen lassen, als den Staat DDR verlassen zu wollen, zu erschießen oder von Minen zerfetzen zu lassen.

Da die Staatsanwaltschaft nach der Rechtsordnung der Bundesrepublik Deutschland verpflichtet ist, bei Bestehen des Anfangsverdachtes einer Straftat Ermittlungen einzuleiten, war es nur folgerichtig, dass nach der Vereinigung der beiden deutschen Staaten nun auch wegen der Toten an der Berliner Mauer und an der innerdeutschen Grenze ermittelt wurde. Insoweit glaube ich sagen zu können, dass diese strafrechtlichen Ermittlungen in der bundesdeutschen Gesellschaft, insbesondere auch in weiten Teilen der Bevölkerung der ehemaligen DDR, Zustimmung fanden.

Die Aufgabe der Strafjustiz, bestimmte tödliche Sachverhalte an der Grenze strafrechtlich zu überprüfen, sollte und musste natürlich in rechtsstaatlich korrekter Weise geschehen. Das ist gar nicht so einfach, wenn Geschehnisse, die sich in einem untergegangenen Staat zugetragen haben, mit den strafrechtlichen Mitteln eines anderen Staates überprüft werden sollen, denn so richtig reibungslos funktioniert Justiz immer nur innerhalb eines Systems. Sollten bei der Prüfung, ob eine Strafbarkeit vorliegt, die Gesetze der DDR oder der Bundesrepublik Deutschland angewendet werden? Wie sollten die anzuwendenden Gesetze ausgelegt werden? So, wie es zur Zeit der Tatvorwürfe üblich war oder so, wie es in der Gegenwart geboten erschien? Sollten die Gesetze wie in der DDR oder wie in der Bundesrepublik ausgelegt werden? Das waren alles schwierige Fragen. Auch sollte der Anschein einer „Siegerjustiz", die der eine oder andere aus der untergegangenen DDR durchaus befürchtet haben mag, jedenfalls vermieden werden. Es durfte auch nicht so sein, wie es im Volk oft geargwöhnt wird, dass man die „Kleinen" hängt und die „Großen" laufen lässt.

In diesem Buch versuche ich festzustellen, ob es der bundesdeutschen Justiz, zu ganz großen Teilen der Berliner Strafjustiz (insoweit sind mir nahezu alle beteiligten Berufsjuristen persönlich bekannt), gelungen ist, diese schwierige Aufgabe in rechtsstaatlich korrekter Weise zu lösen. Dabei werde ich auch meine eigene Rolle als Vorsitzender Richter in mehreren sogenannten „Mauerschützenprozessen" beleuchten und kritisch hinterfragen. Rund sechzig Jahre nach dem Mauerbau und etwa dreißig Jahre nach ihrem Fall und der Vereinigung der beiden deutschen Staaten sollte es möglich sein, dies unaufgeregt zu tun.

Meine Ausführungen stellen weder eine wissenschaftliche Abhandlung noch ein geschichtliches Werk dar, es handelt sich vielmehr um eine – nicht nur persönliche – Bilanz. Deswegen habe ich die rechtlichen Erwägungen der beteiligten Gerichte vereinfacht und verkürzt wiedergegeben und zudem auf Fußnoten verzichtet. Einige ergänzende Informationen habe ich dem von Roman Grafe verfassten und 2004 erschienenen Buch „Deutsche Gerechtigkeit" entnommen.

Die Namen der Opfer habe ich, soweit sie mir bekannt waren, genannt, weil sie es nach meiner Auffassung verdient haben, dass man sich ihrer erinnert. Die Namen der Angeklagten und sonstigen Personen habe ich genannt, soweit es sich bei ihnen um „Politprominenz" gehandelt hat. Die angeklagten und verurteilten Grenzsoldaten habe ich – obwohl alle Strafverfahren in öffentlicher Verhandlung durchgeführt worden sind – hingegen im Hinblick auf den mir hier geboten erscheinenden Datenschutz nicht mit ihren Klarnamen benannt. Nicht namentlich erwähnt habe ich die beteiligten Richter, Staatsanwalte, Verteidiger und Nebenklägervertreter, obwohl die Identität einiger der an den Strafverfahren beteiligten Berufsjuristen durch die damalige Berichterstattung in den Medien bekannt geworden ist.

I.

Der Mauerbau

„Niemand hat die Absicht, eine Mauer zu errichten!" Mit diesen Worten äußerte sich Walter Ulbricht, seinerzeit Vorsitzender des Staatsrates der DDR und erster Sekretär (später Generalsekretär) des Zentralkomitees der SED, also in Personalunion Staats- und Parteichef, am 15. Juni 1961 auf einer Pressekonferenz im „Haus der Ministerien" in der Wilhelmstraße in Berlin (Ost) – errichtet Ende der 1930-er Jahre als Görings „Reichsluftfahrtministerium"; heute Sitz des Bundesfinanzministeriums – auf eine entsprechende Frage einer westdeutschen Journalistin von der Frankfurter Rundschau. Es war dies eine der berühmtesten Lügen in der Politikgeschichte (möglicherweise in der Zwischenzeit übertroffen von der einen oder anderen Äußerung von Donald Trump), denn knapp zwei Monate später, in der Nacht vom 12. auf den 13. August 1961, begann der Mauerbau in Berlin. Zuerst eher ein Zaun, wurden die Grenzbefestigungen – im DDR-Jargon „der antifaschistische Schutzwall" – im Laufe der Jahre und Jahrzehnte immer mehr „perfektioniert". Bald gab es neben der unmittelbar vor der Grenze zu Berlin (West) stehenden Grenzmauer, die zuletzt etwa 3,60 m hoch und von einer ein Überklettern zusätzlich erschwerenden Betonröhre „gekrönt" war, noch die Hinterlandmauer, den Signalzaun, den Postenweg, den Kontrollstreifen, den Kfz-Sperrgraben und in unregelmäßigen, aber kurzen Abständen die Wachtürme. Die Grenze zwischen der DDR und der Bundesrepublik Deutschland (im DDR-Sprachgebrauch „BRD" – auch dadurch sollte die Gleichwertigkeit der beiden deutschen Staaten betont werden) wurde ebenfalls massiv befestigt, einschließlich Minenfeldern, Selbstschussan-

lagen und Hundelaufanlagen. Organisator des – von der Sowjetunion gebilligten oder vielleicht sogar angeordneten und
von den West-Alliierten hingenommenen – Mauerbaus war
Erich Honecker, der seinerzeit Sekretär für Sicherheitsfragen
im ZK der SED war und der im Jahre 1971 Walter Ulbricht
entmachtete und als Generalsekretär, später auch als Staats-
ratsvorsitzender „beerbte".

In den 28 Jahren und drei Monaten bis zum Fall der Berliner
Mauer am 9. November 1989 gab es dort und an der innerdeutschen Grenze eine Vielzahl von Todesfällen, nicht nur, aber
überwiegend waren die Opfer Flüchtlinge, die aus der DDR
in den Westen wollten (im DDR-Sprachgebrauch hießen diese
Personen „Grenzverletzer") und von Grenzsoldaten erschossen
oder von Minen zerfetzt worden sind.
    Die genaue Zahl der Todesopfer ist bis heute umstritten.
Man wird davon ausgehen können, dass an der Berliner Mauer
mindesten 136 Menschen, möglicherweise auch 138, zu Tode
gekommen sind. An der innerdeutschen Grenze sollen nach
der Statistik der Zentralen Erfassungsstelle in Salzgitter fast
900 Personen eines unnatürlichen Todes gestorben sein. Die
Unklarheit hinsichtlich der genauen Anzahl der Todesopfer
rührt daher, dass einerseits möglicherweise nicht alle Fälle
erfasst werden konnten und andererseits auch Uneinigkeit dahingehend besteht, welche Todesfälle als „Maueropfer" oder
Opfer der Situation an der innerdeutschen Grenze anzusehen
sind. Gehören auch Suizide von Grenzsoldaten dazu? Gehören
auch erschossene Grenzsoldaten dazu? Gehören auch tödliche
Herzanfälle bei Kontrollen im unmittelbaren Grenzbereich
dazu? Aus meiner Sicht bedarf es für die Beantwortung der
Frage, ob an der Mauer bzw. der innerdeutschen Grenze töd-
liches und strafrechtlich relevantes Unrecht geschehen ist,
weder der Kenntnis der exakten Zahl der Opfer noch der

Festlegung, welche Fallkonstellationen im einzelnen hinzu-
zuzählen sind.

Eines der ersten an der Berliner Mauer erschossenen Opfer
war der 18-jährige Peter Fechter, der am 17. August 1962 in
der Nähe des „Checkpoint Charlie" zwischen dem Ostberliner
Bezirk Mitte und dem Westberliner Bezirk Kreuzberg bei dem
Versuch, die Mauer zu überwinden, ohne vorherige Warnrufe
und auch ohne Warnschüsse von den Grenzposten angeschos-
sen und schwer verletzt wurde. Zunächst schrie er laut und
dann immer leiser werdend um Hilfe, ohne das jemand von
Ostberliner Seite Beistand geleistet und ohne dass jemand aus
dem Westen den gewiss äußerst riskanten Versuch einer Hil-
feleistung unternommen hätte. Es gab von westlicher Seite nur
das eher hilflose Bemühen, dem Schwerverletzten Verbands-
päckchen zuzuwerfen. Auch anwesende US-Soldaten unter-
nahmen nichts. In den fast 60 Minuten, in denen das Opfer
hilflos im Grenzbereich liegend sich selbst und seinen schweren
Schussverletzungen überlassen blieb, wurden die Hilferufe immer leiser und verstummten schließlich, bis der sterbende Peter
Fechter von Ostberliner Uniformierten abtransportiert wurde.

Das letzte Todesopfer an der Berliner Mauer war der 20-jährige
Chris Gueffroy. Am 5. Februar 1989, neun Monate vor dem
Fall der Mauer, wollte er mit seinem Freund Christian Gaudian im Bereich einer Kleingartenkolonie zwischen Treptow
und Neukölln die Grenzanlagen überwinden. Den Großteil
der Grenzanlagen hatten sie bereits bezwungen, als sie von
Grenzsoldaten entdeckt und von diesen nach kurzem Anrufen
mit Kalaschnikows unter Feuer genommen wurden. Während
Christian Gaudian durch einen der Schüsse am Fuß getroffen,
erheblich verletzt und festgenommen wurde (später ist er wegen
unerlaubter versuchter Republikflucht zu einer mehrjährigen

Haftstrafe verurteilt worden) , starb Chris Gueffroy, ins Herz getroffen, noch vor Ort.

Das Verfahren gegen die vier bei diesem Vorfall beteiligten Grenzsoldaten wird später der erste, hochbrisante, mit nicht immer lauteren Mitteln geführte, heiß umkämpfte und rechtlich umstrittene „Mauerschützenprozess" sein. Auf die Einzelheiten des Fluchtgeschehens am 5. Februar 1989 und den gut zweieinhalb Jahre später beginnenden Prozess vor dem Landgericht Berlin werde ich in Kapitel V dieses Buches eingehen.

II.

Das Strafverfahren gegen Erich Honecker

Das erste nach der Vereinigung der beiden Deutschen Staaten am 3. Oktober 1990 wegen der Toten an der Grenze durchgeführte Großverfahren vor dem Kriminalgericht Moabit in Berlin richtete sich gegen sechs Mitglieder des „Nationalen Verteidigungsrates" der DDR, unter ihnen Erich Honecker.

Der 1960 gegründete „Nationale Verteidigungsrat" war das höchste militärische Gremium in der DDR. In dem Zeitraum von 1971 bis Herbst 1989 war Erich Honecker dessen Vorsitzender. Außerdem gehörten im fraglichen Zeitraum diesem Gremium neben weiteren Personen der Minister für Staatssicherheit Erich Mielke, der Minister für Nationale Verteidigung Heinz Kessler, der Vorsitzende des Ministerrates der DDR Willi Stoph, der frühere Stabschef der Nationalen Volksarmee Fritz Streletz, und der ehemalige 1. Sekretär der Bezirksleitung Suhl der SED Hans Albrecht an.

Am 12. November 1992 begann das Strafverfahren gegen die genannten sechs Personen vor der 27. Großen Strafkammer des Landgerichts Berlin. Mit der Anklage hatte die Staatsanwaltschaft den Angeklagten ursprünglich vorgeworfen, in insgesamt 68 Fällen für den Tod bzw. die Verletzung von Flüchtlingen strafrechtlich verantwortlich zu sein. Zur besseren Handhabung beschränkte die Kammer das Verfahren, teilweise bereits vor deren Beginn, teilweise auch im Laufe der mehrmonatigen Verhandlung, auf sieben Fälle, in denen es zum Tode der jeweiligen Flüchtlinge gekommen war.

Nicht alle bei Beginn des Verfahrens vor der Strafkammer 27 beteiligten Akteure waren auch noch bei der Urteilsfällung am 16. September 1993 zugegen. Der wichtigste und prominenteste der sechs Angeklagten war zweifellos Erich Honecker.

Geboren am 25. August 1912 in Neunkirchen im Saarland, war er bereits ab 1928 in diversen kommunistischen Gruppierungen und Vereinigungen aktiv und agitierte ab 1933 auch gegen das nationalsozialistische System. Das führte dazu, dass er im Juni 1937 vom Volksgerichtshof wegen „Vorbereitung eines hochverräterischen Unternehmens" zu einer Zuchthausstrafe von 10 Jahren verurteilt wurde. Bereits ab Dezember 1935 saß er wegen dieser Vorwürfe ein. Während eines Bombenangriffs im März 1945 gelang Honecker unter nicht gänzlich geklärten Umständen, die ihm seitens der Genossen auch Kritik einbrachten, die Flucht. Später machte er in der jungen DDR schnell Karriere, war – wie schon dargelegt – zur Zeit des Mauerbaus innerhalb der SED für Sicherheitsfragen zuständig, war ab 1971 Nachfolger von Walter Ulbricht als Generalsekretär des Zentralkomitees der SED und ab 1976 auch Staatsratvorsitzender. Zwar nahmen in den 80-er Jahren die wirtschaftlichen Schwierigkeiten der DDR zu, gleichwohl befand sich Erich Honecker zu dieser Zeit auf dem Gipfel seiner Macht. Er war ein angesehener Staatsmann und wurde allseits respektiert. Gerhard Schröder, ein Spezialist für die politisch-moralische Einstufung von Staatsmännern („Putin ist ein lupenreiner Demokrat"), nannte Honecker laut einem Artikel im „Vorwärts" vom 21. Dezember 1985 einen „zutiefst redlichen Mann". Im September 1987 war der höchste Repräsentant der DDR auf Staatsbesuch in Bonn, wurde mit den dazugehörigen auch militärischen Ehren von Bundeskanzler Helmut Kohl empfangen, traf sich mit dem damaligen Bundespräsidenten Richard von Weizsäcker, Wirtschaftsbosse gaben sich auf dem Weg zu Honecker die Klinke in die Hand. Alle hatten Kenntnis von den vielen Toten an der Mauer, aber das war damals offensichtlich kein Thema. Ich meine mich vage zu erinnern, dass die insofern von einem Staatsbürger der Bundesrepublik Deutschland gegen Honecker erstattete Anzeige mit irgendwelchen juristischen Tricks in einer Weise bearbeitet worden ist, dass sie jedenfalls kein Hindernis für den Besuch in Bonn darstellte. Von der Wiedervereinigung, obwohl in der Präambel des Grundgesetzes festgeschrieben, war bei den Gesprächen im September 1987 offensichtlich auch keine Rede. Die Existenz zweier Deutscher Staaten war die von kaum jemandem in Zweifel gezogene Realität. Noch ein Jahr später soll sich Willy Brandt laut der Frankfurter Rundschau vom 15. September 1988 so geäußert haben: "Die Wiedervereinigung ist die Lebenslüge der zweiten Deutschen Republik". Und wenige Wochen später, am 27. November 1988, soll Egon Bahr bei einer Rede in München recht drastisch formuliert haben:" Wiedervereinigung ist objektiv und subjektiv Lüge, Heuchelei und politische Umweltverschmutzung." Da haben sich diese beiden renommierten Politiker geirrt!

Dass sich das Blatt schnell wenden kann, hätte auch Erich Honecker nicht gedacht. Kaum zwei Jahre nach seinem Besuch in Bonn war die friedliche Revolution in der DDR schon in vollem Gange. Am 18. Oktober 1989 wurde Honecker von seinen Genossen zum Rücktritt gedrängt und – wenn auch nur für kurze Zeit – von Egon Krenz beerbt. Anfang Januar 1990 mussten er und seine Frau Margot die DDR-Prominenten-Siedlung Wandlitz verlassen; sie erhielten „Asyl" bei einem Pfarrerehepaar in Lobetal bei Bernau im Land Brandenburg. Wegen seiner Krebserkrankung kam Honecker drei Monate später in ein sowjetisches Militärkrankenhaus in der Nähe von Beelitz, wo er sich fast ein Jahr aufhielt. Am 13. März 1991 setzte er sich von dort nach Moskau ab. Zu wohl nicht nur meiner großen Überraschung wurde Erich Honecker aufgrund eines vom Amtsgericht Tiergarten in Berlin bereits am 30. November 1990 erlassenen Haftbefehls am 29. Februar 1992 von den sowjetischen Behörden ausgeliefert – auf den „Großen Bruder" war auch kein Verlass mehr! – und als Untersuchungshäftling in die Justizvollzugsanstalt Moabit eingeliefert. Nun saß er schon zum zweiten Mal in einem deutschen Gefängnis ein.

In den ersten Tagen des Prozesses vor dem Landgericht Berlin, der als einer der wichtigsten in der deutschen Nachkriegsgeschichte angesehen werden kann und ein ungeheures Medieninteresse hervorruft, kommt es hauptsächlich zu Kontroversen zwischen den Verteidigern von Erich Honecker (zwei von den insgesamt drei Verteidigern sind mir aus diversen Moabiter Verfahren gut bekannt) und dem Gericht, insbesondere dem Vorsitzenden, um die Frage der Haft- und Verhandlungsfähigkeit des 79-jährigen und schwer an Krebs erkrankten Angeklagten. In diese Diskussionen schaltet sich auch häufig und intensiv einer der Nebenklägervertreter (dieser vertritt in Strafverfahren die Opferseite) ein, eine schillernde Erscheinung aus der Zunft der Rechtsanwälte, der mit seinen obskuren und mitunter von wenig Rechtskenntnissen getrübten Anträgen Generationen von Berliner Richtern zur Weißglut gebracht hat. So bezweifelt er die Identität des Angeklagten Honecker und argwöhnt, dass ein Doppelgänger für ihn auf der Anklagebank Platz genommen hat; auch glaubt er nicht an eine Krebserkrankung des Angeklagten, sondern vermutet einen Befall durch einen Fuchsbandwurm. An einem der ersten Verhandlungstage bin ich als Zuhörer im Gerichtssaal anwesend; dieses doch einmalige Verfahren möchte ich jedenfalls an einem Tag live erleben. So werde ich Zeuge einer der Ernsthaftigkeit des

Verfahrens nicht angemessenen Auseinandersetzung zwischen dem Vorsitzenden und besagtem Nebenklägervertreter. Den neben der Sache liegenden Ausführungen des Nebenklägervertreters begegnet der Vorsitzende nicht immer mit der gebotenen Souveränität und Sachlichkeit.

Immerhin kommt es dann doch bereits am 5. Verhandlungstag, dem 30. November 1992, zur Verlesung der Anklageschrift. Am 6. Verhandlungstag, dem 3. Dezember 1992, äußert sich Erich Honecker zu den Anklagevorwürfen, ein früher Höhepunkt dieses Verfahrens. Er verliest mit der ihm eigenen monotonen Singsang-Stimme eine 26-seitige Erklärung, von der unklar ist, ob er oder seine Verteidiger oder beide Seiten im Zusammenwirken sie verfasst haben. Er nennt das Verfahren einen politischen Schauprozess und spricht dem Gericht der „Frontstadt Westberlin" das Recht ab, über ihn und seine Genossen zu urteilen. Interessant sind die folgenden Passagen: „Man nennt die heute Verbrecher, die man gestern ehrenvoll als Staatsgäste … begrüßt hat" und an anderer Stelle „Entweder haben die Herren Politiker der BRD bewusst, freiwillig und sogar begierig Umgang mit einem Totschläger gesucht oder sie lassen jetzt bewusst und genussvoll zu, dass Unschuldige des Totschlags bezichtigt werden." Ja, was soll man darauf antworten? Politik und Recht sind wohl „zwei Paar Schuhe".

Auch an den Folgetagen wird kaum zur Sache verhandelt, es geht in erster Linie weiterhin um die Verhandlungs- und Haftfähigkeit von Erich Honecker. Nach Anhörung medizinischer Sachverständiger entscheidet das Gericht am 21. Dezember 1992, dem elften Verhandlungstag, der Angeklagte Honecker sei weiterhin verhandlungsfähig. Das Kammergericht bestätigt diese Entscheidung. Daraufhin rufen die Verteidiger den erst Ende 1990 gegründeten Berliner Verfassungsgerichtshof an, der seine Arbeit im Mai 1992 aufgenommen hatte. Die Verfassungsrichter entscheiden am 12. Januar 1993, dass die Fortsetzung des Verfahrens gegen den schwerkranken Erich Honecker diesen in seiner Menschenwürde verletze, da er mit an Sicherheit grenzender Wahrscheinlichkeit das Ende des Strafverfahrens nicht erleben werde (hier irrte der Verfassungsgerichtshof – Honecker starb erst acht Monate nach Abschluss des Verfahrens vor der Strafkammer 27; allerdings hätte das Verfahren mit ihm und insbesondere seinen Verteidigern vermutlich länger gedauert. Die vom Berliner Verfassungsgerichtshof bejahte Frage der eigenen Zuständigkeit war im Übrigen unter Juristen höchst umstritten). Am 13. Januar 1993 wird Erich Honecker aus der Untersuchungshaft entlassen, das Verfahren gegen ihn wird eingestellt. Er reist sofort mit seiner Ehefrau Margot, die bis zu ihrem Tod im Jahre 2016 extrem uneinsichtig bleibt, ins Exil nach Chile, wo er am 29. Mai 1994 stirbt.

Der nach Honecker zweitprominenteste Angeklagte im Verfahren gegen Mitglieder des Nationalen Verteidigungsrates der DDR ist der im Jahre 1907 geborene Erich Mielke. Über einen Zeitraum von sage und schreibe 32 Jahren, von 1957 bis zu seinem Rücktritt am 7. November 1989, ist er als Minister für Staatssicherheit der wohl am meisten gefürchtete Mann in der DDR und Chef einer Behörde mit zuletzt 91.000 offiziellen und einer nicht bekannten Zahl von informellen Mitarbeitern. Erstaunlich ist, wie innerhalb weniger Tage aus dieser machtvollen Person ein alter, verlachter und fast gebrochener Mann wird. In Erinnerung ist vielen sein eher peinlicher Auftritt am 13. November 1989 vor der DDR-Volkskammer, bei dem er sich stotternd und ziemlich unverständlich äußert und zuletzt beteuert „Ich liebe doch alle, alle Menschen."
Das Verfahren gegen den zu diesem Zeitpunkt fast 85-jährigen Angeklagten Mielke wird schon nach dem zweiten Ver-

handlungstag am 16. November 1992 abgetrennt und vorläufig eingestellt, und zwar aus einem sehr speziellen Grund: Gegen Mielke läuft bereits seit dem 10. Februar 1992 vor einer anderen Schwurgerichtskammer des Landgerichts Berlin ein Verfahren wegen des Vorwurfes des Mordes an zwei Polizisten am 9. August 1931 (Mord verjährt nicht!) am Bülow-Platz in Berlin. Hintergrund waren die zu dieser Zeit häufigen Auseinandersetzungen zwischen Nazis und Kommunisten. Zwei Verfahren zur gleichen Zeit sind dem hoch betagten Herrn aus gesundheitlichen Gründen nicht zuzumuten. Mielke wird in dem bis zum 26. Oktober 1993 laufenden Mordprozess schließlich zu einer Freiheitsstrafe von sechs Jahren verurteilt. Der Bundesgerichtshof verwirft später seine und die Revision der Staatsanwaltschaft. Erich Mielke verbüßt die Freiheitsstrafe von sechs Jahren bis Ende 1995 zu mehr als 2/3. Wegen der Toten an der Grenze wird er nie zur Verantwortung gezogen. Er stirbt in Berlin am 21. Mai 2000.

Der am 9. Juli 1913 geborene Willi Stoph war der letzte Vorsitzende des Ministerrates der DDR. Er erscheint schon zum Prozessauftakt am 12. November 1992 aus gesundheitlichen Gründen nicht vor Gericht. Das Verfahren gegen ihn wird abgetrennt und eingestellt. Den Tötungsvorwürfen aus der Anklageschrift muss sich Willi Stoph zu keinem Zeitpunkt stellen. Er stirbt am 13. April 1999.

Das Verfahren hat nun in seinem Anfangsstadium nicht nur drei von sechs Angeklagten verloren, sondern auch seinen Vorsitzenden Richter. Für den erfahrenen 55-jährigen Richter, ein wenig eitel (Fliegenträger!) und ziemlich ehrgeizig (dem Vernehmen nach soll er nach der Position des Präsidenten des Landgerichts gestrebt haben), nicht immer souverän, mitunter aufbrausend, soll dieses Verfahren der Höhepunkt seiner strafrichterlichen Karriere werden. Daraus wird nichts. Ein Hilfsschöffe (dieser sitzt auf der „Ersatzbank" des Gerichtes) äußert gegenüber dem Vorsitzenden den Wunsch, von dem prominenten Angeklagten Erich Honecker ein Autogramm auf einem Berliner Stadtplan bekommen. Der Vorsitzende gibt diesen Wunsch an die Verteidiger weiter. Diese Kontaktaufnahme bekommt der von mir schon erwähnte oftmals nervende Nebenklägervertreter mit und fragt den Vorsitzenden, um was es bei dem „Getuschel" mit den Verteidigern gegangen sei. Und jetzt erklärt der Vorsitzende , es sei nur um eine unbedeutende „Postsache" gegangen. Die Folge dieser unzutreffenden Äußerung ist, dass der Vorsitzende nun sowohl von den Verteidigern von Honecker namens ihres Mandanten als auch von dem Nebenklägervertreter namens der von ihm vertretenen Nebenkläger wegen Besorgnis der Befangenheit abgelehnt wird. Dieser Antrag hat – ein durchaus ungewöhnlicher Vorgang in der Geschichte von Moabit – Erfolg, die beiden Kollegen des Vorsitzenden und ein dritter Richter aus einer anderen Strafkammer geben dem Antrag statt; der ordentliche Vorsitzende der Kammer ist raus aus dem Verfahren.

Den Vorsitz übernimmt der Vertreter des Vorsitzenden, ein erfahrener, ruhiger und besonnener Kollege; zugleich rutscht ein „Reserverichter" als dritter Richter auf die Richterbank. Der neue Vorsitzende bringt das Verfahren mit seinen Kollegen in sachlicher Atmosphäre und in erstaunlich kurzer Zeit nach nur 64 Verhandlungstagen am 16. September 1993 mit einem Urteil zum Abschluss. Aber ich greife vor.

Drei Angeklagte sind nun übrig geblieben.

Da ist zunächst einmal der 1920 geborene ehemalige Minister für Nationale Verteidigung der DDR Heinz Kessler. Aufgewachsen in einem kommunistisch geprägten Elternhaus, im

Krieg zu den sowjetischen Truppen übergelaufen, Gründungs-
mitglied des „Nationalkomitees Freies Deutschland", hatte er
nach Gründung der DDR von Anfang an politische und bald
auch militärische Aufgaben übernommen. Ab 1967 war er in
leitender Funktion in der Nationalen Volksarmee (NVA) tätig
und damit zugleich Mitglied des Nationalen Verteidigungsrates. Ab Dezember 1985 übernahm er das Ministeramt für
Nationale Verteidigung, ab April 1986 war er auch Mitglied
im Politbüro der SED. Im hiesigen Strafverfahren, in dem sich
Kessler vom 21. Mai 1991 bis zum Tag der Urteilsverkündung
am 16. September 1993 in Untersuchungshaft befand, ist einer
seiner Verteidiger mein Schwager, der Bruder meiner zwischenzeitlich verstorbenen Ehefrau (ja, man kennt sich unter den
Berliner Strafrechtlern).

Der 1926 geborene Angeklagte Streletz trat früh in die SED
ein, war zunächst bei der Volkspolizei beruflich aktiv und
später in hohen Positionen bei der NVA. Ab 1971 war er als
Nachfolger von Erich Honecker, der dort den Vorsitz übernahm, Sekretär im NVR. Ab 1979 war er Chef des Haupt-
stabes der NVA und damit zugleich stellvertretender Minister
für Nationale Verteidigung. Ab 1981 war er auch Mitglied im
Zentralkomitee der SED. Der Angeklagte Streletz befand sich
ebenfalls vom 21. Mai 1991 bis zum Tag der Urteilsverkündung am 16. September 1993 in Untersuchungshaft.

Der 1919 geborene Angeklagte Albrecht wuchs in einer Berg-
arbeiterfamilie im Ruhrgebiet auf. Nach dem Krieg ging er
zunächst nach Leipzig, trat bald der SED bei, war ab 1968 als
1. Sekretär der SED-Bezirksleitung Suhl tätig, wurde 1971
Volkskammerabgeordneter und war von 1972 bis 1989 Mitglied im NVR. Albrecht verbüßte in hiesiger Sache Untersuchungshaft vom 21. Mai 1991 bis zum 23. Dezember 1991.

Am 16. Oktober 1992 ist der Angeklagte Albrecht von einem anderen Gericht wegen Anstiftung zur Untreue und wegen unbefugten Waffenbesitzes zu einer Gesamtfreiheitsstrafe von einem Jahr und zehn Monaten verurteilt worden.

Zu den Verhältnissen an der innerdeutschen Grenze hat das Landgericht in seinem Urteil die folgenden (von mir zusammengefassten) Feststellungen getroffen:

Zur Sicherung der Grenze zwischen der DDR und der Bundesrepublik setzten die politisch und militärisch Verantwortlichen in der DDR zunächst vielfach auf Erdminenfelder und später auf effektivere und preisgünstigere Splitterminen (Selbstschussanlagen), die derart installiert waren, dass sie ein Überwinden der Grenzanlagen von Ost nach West verhinderten oder zumindest erheblich erschwerten, während sie in der Richtung von West nach Ost keine militärisch relevanten Hindernisse darstellten. Den Verantwortlichen war bewusst, dass diese Minenfelder und Selbstschussanlagen ohne weiteres in der Lage waren, tödliche Verletzungen zu verursachen, wie dies in der Zeit ihrer Anwendung auch häufig geschah. Wegen zunehmenden internationalen Drucks wurden diese Anlagen bis zum 1. Juli 1985 abgebaut. Die Grenzsicherung sollte nun, wie es an der Grenze zu Berlin (West) von Anfang an der Fall war, durch die vornehmlich mit Kalaschnikows bewaffneten Grenzposten erfolgen.

In vielen schriftlichen Befehlen sowie schriftlich und mündlich erteilten Anordnungen, die in Teilschritten vom Nationalen Verteidigungsrat über verschiedene militärische Stufen bis zum einfachen Grenzsoldaten weitergeleitet wurden (der letzte Schritt in dieser Befehlskette war die sogenannte „Vergatterung" der einfachen Soldaten durch den direkten Vorgesetzten vor dem jeweiligen Dienstantritt), war immer wieder die Rede davon, dass der Eintritt des Todes eines Grenzverletzers – sei es durch Minen oder gezielte Schüsse von Grenzposten – zwar äußerst unerwünscht sei und immer nur das letzte Mittel sein könne, dass aber bei der Abwägung zwischen einem Menschenleben und einem gelungenen Grenzdurchbruch letzterer in jedem Fall zu verhindern sei und Grenzverletzer daher festzunehmen oder erforderlichenfalls zu „vernichten", also zu töten, seien. Dabei ging es jedenfalls faktisch ausschließlich um zu verhindernde Grenzdurchbrüche von Ost nach West, also um das mit allen Mitteln zu verhindernde illegale Verlassen der DDR in Richtung Bundesrepublik; Angriffe von außen auf die DDR-Grenze spielten keine Rolle. Trotz mehrfach geänderter Formulierungen und der Verabschiedung neuer Gesetze änderte sich an dieser Grundeinstellung, die auch den einfachen Soldaten immer wieder „eingetrichtert" wurde, bis zum Ende der DDR – siehe der Fall Chris Gueffroy – nichts. Grenzsoldaten, die einen Grenzdurchbruch verhindert und dabei den Grenzverletzer erschossen hatten, wurden in der Regel belobigt und erhielten häufig eine Prämie und/oder einige Tage Sonderurlaub.

Auf der Basis dieser vom Gericht festgestellten Befehlslage waren die folgenden tragischen Einzelfälle Grundlage für das Urteil der Kammer:

In den frühen Morgenstunden des 18. April 1971 wollte der 18-jährige Klaus Seifert zusammen mit einem Freund in der Nähe des Ortes Schwickershausen in Thüringen nahe der Rhön die Grenze nach Hessen überwinden. Er robbte durch den Kfz-Sperrgraben bis unmittelbar vor das Minenfeld, überwand dort den Hinterlandzaun und rannte über das Minenfeld Richtung Westen. Dabei trat er auf eine Mine, die explodierte, ihn schwer verletzte und ihm den linken Fuß abriss. Gleichwohl gelang es ihm noch, weitere Zäune zu überwinden und bundesdeutsches Gebiet zu erreichen, wo er entkräftet liegen blieb. Ein Jäger fand ihn dort zufällig Stunden später. Klaus Seifert wurde ins Krankenhaus gebracht, wo ihm der linke Unterschenkel amputiert wurde. Wegen einer Gasbrandinfektion musste ihm später auch noch der linke Oberschenkel amputiert werden. Trotz dieser intensiven medizinischen Behandlung starb der „Grenzverletzer" am 4. Mai 1971 im unmittelbaren Anschluss an eine weitere Operation an Herz-Kreislauf-Versagen, welches auf der Gasbrandinfektion beruhte.

In der Nacht vom 16. auf den 17. Januar 1973 kurz vor Mitternacht überstieg der 27-jährige Hans-Friedrich Franck den vorderen Grenzzaun ganz in der Nähe des Landkreises Lüchow-Dannenberg in Niedersachsen. Dabei löste er eine Splittermine (Selbstschussanlage) aus, Franck wurde durch zahlreiche Splitter schwer verletzt. Trotz hohen Blutverlustes gelang es ihm gleichwohl noch, sich auf bundesdeutsches Gebiet zu schleppen. Zwei westdeutsche Zollbeamte fanden ihn dort und veranlassten seine Einlieferung ins nahegelegene Kreiskrankenhaus Dannenberg. Trotz sofort durchgeführter Notoperation verstarb Hans-Friedrich Franck am 17. Januar 1973 gegen 7 Uhr aufgrund der durch die Splitter der explodierten Mine verursachten Durchtrennung der Beinschlagader.

Der 25-jährige Wolfgang Vogler versuchte am 14. Juli 1974 gegen 18 Uhr 40, die Grenzanlagen im Harz in der Nähe der Ortschaft Hohegeiß zu überwinden. Dabei löste er drei Splitterminen aus, die zu erheblichen Verletzungen auf seiner rechten Körperseite führten. Nachdem er auf DDR-Gebiet zusammengebrochen und 20 min unversorgt liegengeblieben war, wurde er von einem Grenzsoldaten Richtung Hinterland geschleift und auf einen LKW gehievt; dort blieb der Verletzte weitere 20 min liegen. Wolfgang Vogler wurde schließlich ins Kreiskrankenhaus Wernigerode eingeliefert und von dort – bereits im Sterben liegend – in die Medizinische Akademie Magdeburg verlegt. Dort verstarb er am 15. Juli 1974 aufgrund der durch die Metallsplitter verursachten schweren inneren Verletzungen.

Am 7. April 1980 gegen 20 Uhr 15 versuchte der 28-jährige Wolfgang Bothe, die Grenze in der Nähe der Ortschaft Veltheim im Kreis Halberstadt zu überwinden. Eine dadurch ausgelöste Splittermine verletzte ihn an Kopf und Oberkörper schwer. Nachdem Wolfgang Bothe zunächst von einem bei den Grenztruppen tätigen Sanitäter erstversorgt worden war, wurde er gegen 21 Uhr 30 in bewusstlosem Zustand ins Kreiskrankenhaus Halberstadt eingeliefert; dort wurden 28 Splitterverletzungen, teilweise am Gehirn und an inneren Organen, festgestellt. Der Verletzte wurde sofort operiert und befand sich danach mit halbseitiger Lähmung im Koma. Am Folgetag, dem 8. April 1980, erging gegen Wolfgang Bothe auf Antrag der Staatsanwaltschaft Magdeburg ein Haftbefehl wegen versuchten ungesetzlichen Grenzübertritts im schweren Fall; der schwere Fall wurde in der Beschädigung der Grenzsicherungsanlagen gesehen. Nach zwei weiteren erfolglosen Gehirnoperationen am 18. April und 2. Mai 1980 verstarb Wolfgang Bothe am 11. Mai 1980, ohne das Bewusstsein wieder erlangt zu haben.

Der letzte den hiesigen Angeklagten zur Last gelegt Todesfall durch Splitterminen ereignete sich am 22. März 1984 gegen 13 Uhr 40 in der Nähe der Ortschaft Wendehausen im Kreis Mühlhausen in Thüringen. Der 20-jährige Frank Mater löste beim Versuch, die Grenzanlagen zu überwinden, eine Splittermine aus, wurde schwer verletzt und blieb auf DDR-Gebiet liegen. Er wurde durch Grenzsoldaten geborgen und auf einen LKW verbracht. Dort stellte ein bei den Grenztruppen tätiger Arzt seinen Tod fest, bei der späteren Obduktion wurde ein Splitter im Brustkorb gefunden, innere Organe waren schwer verletzt. Im Totenschein ist als Todesursache festgehalten: "Verletzung auf nicht näher bezeichnete Art und Weise bei gesetzlichen Maßnahmen." Der Begriff „Splittermine" sollte dort nicht genannt werden.

Am frühen Morgen des 1. Dezember 1984 wollte der 20-jährige Michael-Horst Schmidt vom Ostberliner Bezirk Pankow aus die Grenzanlagen in der Nähe des im Westberliner Bezirk Wedding gelegenen S-Bahnhofes Wollankstraße überwinden. Gegen 3 Uhr 15 überstieg er mit Hilfe einer Leiter die Hinterlandmauer, sodann auch den dahinter gelegenen Signalzaun und lief unter Mitnahme der Leiter auf die abschließende Grenzmauer zu. Schon bei Übersteigen der Hinterlandmauer war Michael Schmidt von einem Postenpaar, das sich auf einem nahegelegenen Beobachtungsturm befand, entdeckt worden. Einer der beiden Grenzposten blieb auf dem Turm, während der andere hinab stieg und in Richtung des „Grenzverletzers" lief. Beide Grenzsoldaten schossen nun gemäß dem ihnen mit der „Vergatterung" vor Dienstantritt gegebenen Befehl aus einer Entfernung von rund 100 m mit Dauerfeuer auf Michael Schmidt. Der eine Grenzsoldat gab 20 Schuss ab, der andere 28; sie wussten, dass sie den Flüchtling tödlich treffen könnten. Tatsächlich verletzten sie ihn durch die Schüsse so schwer, dass Michael Schmidt, bereits auf der an die Mauer angelehnten Leiter stehend, von dieser herunter fiel und reglos liegen blieb. Die Schüsse hatten allerdings keine lebenswichtigen Organe getroffen, das Opfer hätte bei schneller Hilfe überleben können. Michael Schmidt wurde von hinzu geeilten Grenzsoldaten aber lediglich in einen benachbarten Beobachtungsturm gebracht, ihm wurde trotz seiner flehentlichen Bitte keine Erste Hilfe zuteil. Der Verletzte blieb dort blutend über eine Stunde liegen, bis er gegen 4 Uhr 25 von einem Sanitätsfahrzeug abtransportiert und gegen 5 Uhr 15 in das Krankenhaus der Volkspolizei eingeliefert wurde, wo sein Tod durch Verbluten festgestellt wurde.

Der siebente den hiesigen Angeklagten zur Last gelegte Fall betraf den bereits am Ende von Kapitel I erwähnten und in Kapitel V ausführlicher dargelegten gewaltsamen Tod von Chris Gueffroy in der Nacht vom 5. auf den 6. Februar 1989. Chris Gueffroy war das letzte Todesopfer an der Berliner Mauer. Zwei Postenpaare bemerkten den Fluchtversuch und gaben auf Chris Gueffroy und seinen Freund Christian Gaudian Schüsse ab. Einer dieser Schüsse traf Chris Gueffroy ins Herz; er verstarb alsbald. Die vier beteiligten Grenzsoldaten erhielten für ihr aus Sicht ihrer Vorgesetzten korrektes Verhalten, mit dem sie einen Grenzdurchbruch verhindert hatten, Sonderurlaub und wurden förmlich belobigt.

Bei der rechtlichen Bewertung der festgestellten sieben Tötungsakte ist das Gericht davon ausgegangen, dass grundsätzlich das Recht der DDR zur Anwendung zu kommen habe, sodann aber verglichen werden müsse, ob möglicherweise das Recht der Bundesrepublik als das mildere Recht anzuwenden sei.

Das Gericht hat festgestellt, dass der Tatbestand des Mordes nach § 112 Abs. 1 StGB/DDR verwirklicht worden sei, die Angeklagten aber nicht als (mittelbare) Täter, sondern als Anstifter der von den einzelnen Grenzsoldaten begangenen Handlungen (Verlegen der Minen bzw. Selbstschussanlagen wie auch der Schüsse auf die „Grenzverletzer") anzusehen seien. Ihr Handeln sei weder gerechtfertigt noch entschuldigt gewesen.

Bedeutsam ist dabei der Hinweis des erkennenden Gerichtes, wonach „der das Recht der DDR nachträglich anwendende Richter politische Erwägungen außer Acht zu lassen habe, die in der DDR vermutlich den Richter geleitet hätten". Ohne diesen Hinweis wäre auch die Feststellung einer vorwerfbaren Anstiftung zum Mord ausgeschlossen gewesen; denn kein Gericht der DDR hätte ein solches Urteil ausgesprochen, da ja die Verhaltensweise der Angeklagten wie auch der einfachen Grenzsoldaten der Staatsdoktrin der DDR entsprochen haben. Die Strafkammer hat in ihrem Urteil vom 16. September 1993 festgestellt, dass bei Anwendung von DDR-Recht für die Angeklagten ein Strafrahmen von zwischen zehn und fünfzehn Jahren bestehe.

Bei Anwendung des Strafrechtes der Bundesrepublik Deutschland hätten die Angeklagten den Tatbestand des Totschlags nach § 212 StGB erfüllt, Mordmerkmale nach § 211 StGB seien nicht verwirklicht worden. Auch insoweit liege bei den Angeklagten keine (mittelbare) Täterschaft vor, vielmehr bzgl. der Angeklagten Keßler und Streletz eine Anstiftung zum Totschlag, bei dem Angeklagten Albrecht wegen dessen weniger bedeutsamer Rolle im Nationalen Verteidigungsrat lediglich eine Beihilfe zum Totschlag. Rechtfertigungs- oder Entschuldigungsgründe hätten für die Angeklagten nicht vorgelegen. Für die Angeklagten Kessler und Streletz betrage daher der Strafrahmen zwischen fünf und fünfzehn Jahren, für den lediglich der Beihilfe schuldigen Angeklagten Albrecht zwischen zwei Jahren und elf Jahren drei Monaten. Insgesamt sei daher das Strafrecht der Bundesrepublik das mildere Recht, so dass die zu verhängenden Strafen diesem zu entnehmen seien.

Das Gericht ist davon ausgegangen, dass bei jedem der Angeklagten eine einheitliche Handlung der Anstiftung bzw. Beihilfe vorliege, also keine Einzelhandlungen bezogen auf jeden festgestellten Todesfall.

Die Kammer hat gegen den Angeklagten Kessler als den ranghöchsten Angeklagten, der für alle sieben Todesfälle eine strafrechtliche Verantwortung trägt, eine Freiheitsstrafe von

sieben Jahren und sechs Monaten

verhängt, gegen den Angeklagten Streletz, dem der erste der
insgesamt sieben Todesfälle nicht zur Last zu legen war, eine
Freiheitsstrafe von

fünf Jahren und sechs Monaten,

und gegen den Angeklagten Albrecht, der ebenfalls für sechs
Todesfälle eine Verantwortung trägt, eine Freiheitsstrafe von

drei Jahren und sechs Monaten,

die zusammen mit der Verurteilung vom 16. Oktober 1992 wegen Untreue und Waffenbesitzes zu einer Gesamtfreiheitsstrafe
von vier Jahren und sechs Monaten führte.

Die drei Angeklagten wie auch die Staatsanwaltschaft waren – aus unterschiedlichen Motiven – mit dem Urteil unzufrieden und haben Revision eingelegt. Der 5. Strafsenat
des Bundesgerichtshofes hat mit Urteil vom 26. Juli 1994 die
Rechtsmittel der drei Angeklagten verworfen. Auf die Revision
der Staatsanwaltschaft hat der Bundesgerichtshof den Schuld-
spruch geändert. Er war der – nachvollziehbaren – Auffassung,
dass die Mitglieder des höchsten militärischen Gremiums der
DDR nicht nur als Anstifter bzw. Gehilfen, sondern als (mittelbare) Täter der Todesfälle an der Grenze anzusehen seien. Nach
Auskunft eines der Verteidiger hat der Vorsitzende des 5. Strafsenates in der mündlichen Verhandlung einen entsprechenden

rechtlichen Hinweis gegeben, eine durchaus ungewöhnliche Vorgehensweise. Begründet hat der Bundesgerichtshof die Annahme der Täterschaft mit der folgenden für Nichtjuristen nicht so ohne weiteres zu verstehenden Formulierung: Wenn „bei staatlichen Organisationen der Hintermann (das sind die drei Angeklagten) die unbedingte Bereitschaft des unmittelbar Handelnden (das sind die Grenzsoldaten), den Tatbestand zu erfüllen, ausnutzt und der Hintermann den Erfolg als Ergebnis seines eigenen Handelns will, ist er Täter in der Form der mittelbaren Täterschaft."

Im Übrigen hat der Bundesgerichtshof Zweifel daran geäußert, ob die vom Landgericht vorgenommene Bewertung, wonach eine einheitliche Handlung hinsichtlich aller sieben bzw. sechs Tötungsfälle vorliege, zutreffend sei, näherliegend seien sieben bzw. sechs Einzelhandlungen. Da der 5. Strafsenat aber die Strafzumessung für korrekt gehalten hat, hat er auf eine Aufhebung des Urteils des Landgerichtes hinsichtlich des Strafausspruches verzichtet mit der originellen und nicht so wirklich von der Strafprozessordnung gedeckten Formulierung, wonach „weitere Feststellungen dazu nicht ohne erhebliche und unverhältnismäßige Verfahrensverzögerungen zu erwarten seien, die – auch unter Berücksichtigung des Alters der Angeklagten – mit der Verwirklichung der Strafzwecke nicht vereinbar wären." Mit anderen Worten: Da die Angeklagten schon so alt sind, belassen wir es dabei, obwohl das Urteil des Landgerichtes nicht so ganz richtig ist.

Hinsichtlich des Angeklagten Albrecht, der nach dem Bundesgerichtshof ja nun nicht nur als Gehilfe, sondern als Täter anzusehen ist, hat der 5. Strafsenat die Strafe um sieben Monate auf insgesamt fünf Jahre und einen Monat erhöht.

Die Angeklagten wollen nicht „klein bei geben" und rufen das Bundesverfassungsgericht an. Gut für sie, dass es eine derartige Institution in einem demokratischen Rechtsstaat gibt, in der DDR wäre das nicht möglich gewesen. Sie haben aber damit keinen Erfolg, das Bundesverfassungsgericht nimmt die Verfassungsbeschwerden nicht zur Entscheidung an, da eine Grundrechtsverletzung der drei Angeklagten nicht vorliege. In einer Pressemitteilung des Gerichtes vom 12. November 1996 heißt es dazu u. a., „die besondere Vertrauensgrundlage des Rückwirkungsverbotes aus Artikel 103 Abs. 2 Grundgesetz entfalle dann, wenn der andere Staat (die DDR) für den Bereich schwersten kriminellen Unrechts die Strafbarkeit …. ausschließe … und sogar zu solchem Unrecht auffordere … und so die Menschenrechte in schwerwiegender Weise missachte."

Die Angeklagten geben immer noch nicht auf und rufen den Europäischen Gerichtshof für Menschenrechte an. Sie rügen eine Verletzung von Art. 7 Abs. 1 Menschenrechtskonvention. In diesem Artikel heißt es: „Niemand darf wegen einer Handlung … verurteilt werden, die zur Zeit ihrer Begehung nach innerstaatlichem oder internationalen Recht nicht strafbar war." Der Europäische Gerichtshof entscheidet, besetzt mit 17 Richtern aus verschiedenen europäischen Ländern, durch Urteil vom 22. März 2001, dass eine Verletzung von Art. 7 Abs. 1 MRK nicht vorliegt. In dem Urteil wird ausgeführt, „dass die Verwendung von Minen …im Hinblick auf deren automatische und unterschiedslose Wirkung und der kategorische Charakter der an die Grenzsoldaten gerichteten Befehle, Grenzverletzer zu vernichten und die Grenze um jeden Preis zu schützen", die in der Verfassung der DDR in Artikel 19 (Achtung und Schutz der Würde und Freiheit der Persönlichkeit) und Artikel 30 (Persönlichkeit und Freiheit jedes Bürgers der DDR sind unantastbar) garantierten Grundrechte eklatant verletze. Weiter heißt es, „die Tatsache, dass die Beschwerdeführer in der DDR nicht verfolgt worden sind, bedeutet nicht, dass ihre

Handlungen gemessen am Recht der DDR keine Straftaten gewesen sind". Abschließend führt der Gerichtshof aus: „Die Gerichte eines Staates, die an die Stelle der früher bestehenden getreten sind, können nicht dafür kritisiert werden, dass sie die zur Tatzeit geltenden Normen im Lichte der Grundsätze eines Rechtsstaates anwenden und auslegen."

Zusammengefasst und in verständliches Deutsch gebracht, bedeuten die Ausführungen von Bundesgerichtshof, Bundes-verfassungsgericht und Europäischem Gerichtshof für Men-schenrechte folgendes:

- Die Vorgehensweise der Angeklagten bezogen auf die Grenze der DDR zur Bundesrepublik bzw. Berlin (West), nämlich die Befehlskette in Gang zu setzen, wonach Minen und Selbstschussanlagen zu verlegen bzw. Grenzverletzer erforderlichenfalls zu „vernichten" seien, stellt nach DDR-Recht eine Straftat dar.
- Es ist bedeutungslos, dass diese Taten in der DDR nicht verfolgt worden sind.
- Es ist nicht zu beanstanden, dass die DDR-Gesetze von den Gerichten der Bundesrepublik Deutschland nach den hier und jetzt geltenden rechtsstaatlichen Grundsätzen an-gewendet und ausgelegt worden sind.
- Die Verfahren genügen damit rechtsstaatlichen Ansprüchen.

Wie ging es nun mit den drei verurteilten Angeklagten weiter?

Heinz Kessler, der sich bis zur Verkündung des Urteils des Landgerichtes am 16. September 1993 nahezu zwei Jahre und vier Monate in Untersuchungshaft befunden hatte und dann entlassen wurde, kam nach der Entscheidung des Bundesge-richtshofes vom Juli 1994 erneut in Haft, wobei mir der genaue Zeitpunkt nicht bekannt ist. Im Frühjahr 1998 wurde er aus Krankheitsgründen aus der JVA Hakenfelde, einer Freigängeranstalt (d.h. der Gefangene durfte die Anstalt tagsüber verlassen), entlassen und die Vollstreckung des Strafrestes wurde zur Bewährung ausgesetzt. Er hat also etwa sechs Jahre seiner Strafe von sieben Jahren und sechs Monaten verbüßt. Die politische Haltung von Heinz Kessler hat sich durch das Strafverfahren und die Zeit in der Haft nicht geändert. Er hat bis an sein Lebensende die DDR und ihre Vorgehensweisen gerechtfertigt, hat als 80-jähriger im Jahre 2001 erfolglos für die DKP bei der Wahl zum Berliner Abgeordnetenhaus kandidiert und zusammen mit seinem früheren Mitangeklagten Fritz Streletz ein Buch geschrieben „Ohne die Mauer hätte es Krieg gegeben". Seinen 90. Geburtstag hat der ehemalige Verteidigungsminister der DDR auf einer Party mit ehemaligen Genossen, darunter auch Egon Krenz, gefeiert, wie mir einer seiner ebenfalls dazu eingeladenen und auch erschienenen Verteidiger berichtete, der sich auf dieser Feier ein wenig fehl am Platz vorkam. Gestorben ist Heinz Kessler am 2. Mai 2017 im Alter von 97 Jahren. Seine krankheitsbedingte Entlassung aus der Haftanstalt hat er also um neunzehn Jahre überlebt.

Fritz Streletz hat – wie Heinz Kessler – etwa zwei Jahre und vier Monate Untersuchungshaft verbüßt und kam ebenfalls nach der Entscheidung des Bundesgerichtshofes im Juli 1994 erneut in Haft. Er wurde am 25. Oktober 1997 aus der Haft entlassen, hat also vermutlich seine Strafe von fünf Jahren und sechs Monaten vollständig oder nahezu vollständig verbüßt. Auch seine politische Einstellung hat sich nicht geändert, wie aus dem gemeinsam mit Heinz Kessler verfassten Buch erkennbar ist. Hoch betagt lebt Fritz Streletz zum Zeitpunkt des Verfassens dieser Zeilen im Frühjahr 2020 immer noch.

Hans Albrecht befand sich in dem Verfahren wegen Untreue und unerlaubten Waffenbesitzes über elf Monate in Untersuchungshaft; im Verfahren wegen Totschlags war er rund sieben Monate in Untersuchungshaft. Welchen Teil der Strafe von insgesamt fünf Jahren und einem Monat aus beiden Verfahren Hans Albrecht letztlich verbüßt hat, vermochte ich nicht festzustellen. Verstorben ist Hans Albrecht am 27. März 2007 im Alter von 87 Jahren.

Alle drei Angeklagten dieses Verfahrens haben ein beachtlich hohes Alter erreicht.

III.

Das Strafverfahren gegen Egon Krenz und Günter Schabowski

„Das tritt nach meiner Kenntnis ... ist das sofort ... unverzüglich." Mit diesen auf einer Pressekonferenz gestammelten Worten hat Günter Schabowski am 9. November 1989 gegen 19 Uhr aus Versehen Weltgeschichte geschrieben. Unmittelbar zuvor hatte er unter Zuhilfenahme von schlecht lesbaren handschriftlichen Notizen auf einem ihm zugesteckten Zettel eine von der DDR-Führung beschlossene Reiseregelung für DDR-Bürger bekannt gegeben und auf Nachfrage eines Journalisten nach dem Zeitpunkt des Inkrafttretens dieser Regelung den oben zitierten berühmt gewordenen Satz gesagt. Viele Bürger im Ostteil der Stadt, die diese Pressekonferenz im Fernsehen gesehen hatten, nahmen Schabowski beim Wort und versammelten sich in immer größer werdender Anzahl vornehmlich vor dem Grenzübergang an der Bösebrücke in der Bornholmer Straße. Der dort verantwortliche Offizier, ein Oberstleutnant, wurde in dieser für ihn und seine ihm untergebenen Soldaten immer komplizierter werdenden Situation von offiziellen DDR-Stellen trotz mehrfacher dringlicher Nachfragen im Stich gelassen und entschloss sich um 23 Uhr 30, zur Auflösung der extrem angespannten Situation die dortige Grenze zu öffnen und die anwesenden Personen ohne jede Kontrolle in den Westteil der Stadt passieren zu lassen. Damit war die Mauer gefallen.

Mehr als sechs Jahre später, ab dem 15. Januar 1996, mussten sich Günter Schabowski, Egon Krenz, Günther Kleiber und weitere Personen, die alle Mitglieder des Politbüros des Zentralkomitees der SED waren, vor dem Landgericht Berlin wegen des Vorwurfes der vollendeten bzw. versuchten Tötung von Flüchtlingen verantworten. Die Staatsanwaltschaft hatte außer den drei genannten Personen noch Erich Mückenberger, Prof. Dr. Kurt Hager, Horst Dohlus und Harry Tisch angeklagt und diesen sieben ehemaligen Mitgliedern des Politbüros des Zentralkomitees der SED insgesamt 66 Fälle der vollendeten bzw. versuchten Tötung von Flüchtlingen an der Grenze zwischen der DDR und der Bundesrepublik Deutschland zur Last gelegt. Sowohl die Zahl der angeschuldigten Personen als auch die Zahl der ihnen zur Last gelegten Taten schrumpfte im Laufe des Verfahrens erheblich.

Der 1927 geborene Harry Tisch war seit 1975 Mitglied des Politbüros; er starb bereits eineinhalb Jahre vor Beginn des Prozesses am 18. Juni 1995.

Prof. Dr. Kurt Hager, geboren 1912, war schon seit 1963 Mitglied des Politbüros; von 1979 bis 1989 gehörte er auch dem Nationalen Verteidigungsrat an. Er hielt bis zum 9. Mai 1996 als Angeklagter im Strafverfahren vor dem Landgericht Berlin durch, bevor er krankheitsbedingt ausschied. Kurt Hager ist im September 1998 verstorben.

Der im Juni 1910 geborene Erich Mückenberger gehörte dem Politbüro bereits ab 1958 an. Er war bis zum 26. August 1996 Angeklagter im vorliegenden Strafverfahren, bis auch er aus gesundheitlichen Gründen ausschied. Erich Mückenberger verstarb im Februar 1998.

Horst Dohlus, geboren 1925, gehörte dem Politbüro seit 1980 an. Von den aus dem Strafverfahren ausgeschiedenen Angeklagten hielt er am längsten durch, nämlich bis zum 5. Juni

1997. Den Zeitpunkt seines krankheitsbedingten Ausscheidens überlebte er noch um fast zehn Jahre, bevor er am 28. April 2007 verstarb.

Parallelen zu dem in Kapitel II geschilderten Verfahren gegen Erich Honecker und weitere Mitglieder des Nationalen Verteidigungsrates sind nicht nur hinsichtlich des Ausscheidens eines erheblichen Teiles der Angeklagten zu verzeichnen. Auch der Vorsitzende Richter schied wiederum aus dem Verfahren aus, und dies schon vor dessen Beginn. Die Anklage gegen die Mitglieder des Politbüros war – wie auch schon die gegen die Mitglieder des Nationalen Verteidigungsrates – gemäß dem gerichtlichen Geschäftsverteilungsplan wieder bei der Schwurgerichtskammer 527 des Landgerichts Berlin eingegangen. Vorsitzender dieser Strafkammer war nach wie vor der Richter, der im Honecker-Verfahren an der Weitergabe des Autogrammwunsches eines Hilfsschöffen, insbesondere seiner späteren nicht wahrheitsgemäßen Äußerung dazu, gescheitert war. Im zweiten Anlauf sollte es nun aber mit einem für die bundesdeutsche Strafrechtsgeschichte wohl in gleicher Weise wichtigen, bedeutsamen und Aufsehen erregenden Verfahren klappen. Aber wieder hatten einige Verteidiger etwas dagegen. Warum? Der Vorsitzende Richter hatte im Jahre 1993 einen Vortrag gehalten, in dem er die SED-Führung als die Verantwortlichen für den Schusswaffengebrauch an der Berliner Mauer bezeichnet hat. Damit hat er zweifelsohne recht gehabt. Aber als Strafrichter, der 1993 mit der konkreten Möglichkeit rechnen musste, Verfahren als Vorsitzender führen zu müssen, in denen exakt diese Frage zu beantworten sein würde, wäre diesbezüglich eine gewisse Zurückhaltung angebracht gewesen. Zurückhaltung war allerdings keine hervorstechende Eigenschaft dieses Vorsitzenden, der schon Jahre zuvor unter einem Pseudonym in einer Berliner Tageszeitung Justizinterna ausgeplaudert hatte, was ihm nach Aufdeckung dieser Nebentätigkeit auch Ärger eingebracht hatte.

Wie auch immer, das namens der Angeklagten von ihren Verteidigern gegen den Vorsitzenden Richter im Hinblick auf seinen Vortrag vorgebrachte Ablehnungsgesuch hatte wiederum Erfolg, und auch dieses schwierige und wichtige Verfahren musste nun unter dem Vorsitz des noch sehr jungen Vertreters des eigentlichen Vorsitzenden geführt werden. Dieser junge Richter hat zusammen mit seinen Kollegen diese Aufgabe gut bewältigt.

Die drei Angeklagten Krenz, Schabowski und Kleiber hielten bis zur Urteilsverkündung am 25. August 1997 und darüber hinaus durch.

Prominentester Angeklagter war sicherlich Egon Krenz. Geboren am 19. März 1937, trat er bereits 1955 der SED bei und begann – nach einer zuvor absolvierten Lehre – schon vier Jahre später seine hauptamtliche Tätigkeit als Partei- und Verbandsfunktionär. Im Oktober 1973 wurde er Mitglied des Zentralkomitees der SED. Ab November 1983 gehörte er dem Politbüro an; zu seinem Verantwortungsbereich umfasste dort die Abteilung für Sicherheitsfragen, die sich maßgeblich auch mit der Situation an der Grenze befasste. Seit Ende 1983 war Egon Krenz zudem Mitglied des Nationalen Verteidigungsrates. Am 18. Oktober 1989 wurde er zum Nachfolger von Erich Honecker als Generalsekretär des Zentralkomitees der SED gewählt, sechs Tage später wurde er außerdem Vorsitzender des Staatsrates und des Nationalen Verteidigungsrates. Wenige Wochen später war alles vorbei und er verlor seine Ämter. Am 21. Januar 1990 wurde er aus der SED, die sich mittlerweile SED-PDS nannte (weitere Umbenennungen folgten, jetzt nennt sich die Partei „Die Linke"), ausgeschlossen.

Der im Jahre 1929 geborene Günter Schabowski trat 1952 der SED bei, absolvierte bis 1962 ein Journalistik-Studium mit dem Abschluss Diplom-Journalist und war später viele Jahre Chefredakteur des „Neuen Deutschland", des Zentralorgans der SED. Ab April 1981 war Günter Schabowski Mitglied des Zentralkomitees der SED, ab dem 24. Mai 1984 gehörte er dem Politbüro an. Im Politbüro war er zunächst für Medien, später für die Belange der Stadt Berlin zuständig. Am 8. November 1989 trat er als Mitglied des Politbüros zurück (immerhin bemerkenswert!), wurde am 14. November 1989 erneut in dieses Gremium und wiederum zum Sekretär des Zentralkomitees gewählt, bevor er am 3. Dezember 1989 zusammen mit dem gesamten Zentralkomitee zurücktrat. Auch Günter Schabowski wurde im Januar 1990 aus der SED-PDS ausgeschlossen.

Der 1931 geborene Angeklagte Günther Kleiber erlernte zunächst den Beruf eines Betriebselektrikers. 1950 trat er der SED bei, holte das Abitur nach, studierte dann in Dresden und erreichte 1958 den Abschluss als Diplomingenieur. Ab 1966 war Günther Kleiber stellvertretender Minister, von 1973 bis 1986 Minister, jeweils für einen technischen Bereich. Seit 1967 Mitglied im Zentralkomitee der SED, wurde er am 24. Mai 1984 in das Politbüro berufen. Dort war er für Wirtschaftsfragen zuständig. Ab November 1988 war er zudem Mitglied im Nationalen Verteidigungsrat. Auch Günther Kleiber verlor kurz nach dem Mauerfall alle seine politischen und Parteiämter.

In dem sich über länger als ein Jahr und sieben Monate und 116 Verhandlungstage erstreckenden Verfahren hat die Strafkammer in ihrem Urteil vom 25. August 1997 hinsichtlich der Macht des Politbüros festgestellt:
„Das Politbüro des Zentralkomitees der SED war das höchste Entscheidungsgremium der SED und damit das höchste

Machtorgan der DDR. Jede grundsätzliche politische ….. Entscheidung des Landes wurde im Politbüro gefällt."

Auch der Nationale Verteidigungsrat, der die Befehlsgewalt über sämtliche bewaffneten Kräfte der DDR hatte, relativierte die absolute Führungsrolle des Politbüros nicht. Zudem bestand zwischen beiden Gremien überwiegend Personalunion; im Jahre 1989 waren von den 17 Mitgliedern des Nationalen Verteidigungsrates 12 zugleich Mitglieder im Politbüro.

Die in Kapitel II bereits erwähnte, aus mehreren Stufen bestehende Befehlskette vom Nationalen Verteidigungsrat bis zum einfachen Grenzsoldaten, wonach Grenzdurchbrüche unter allen Umständen, notfalls auch durch Vernichtung des Lebens des „Grenzverletzers", zu verhindern seien, basierte letztlich auf dem Willen der Mitglieder des Politbüros.

Das Gericht hat den ursprünglich sehr umfangreichen Prozessstoff, der 66 Tatvorwürfe der Tötung bzw. Verletzung von Flüchtlingen umfasste, aus Gründen der besseren Handhabbarkeit des gesamten Verfahrens auf vier Fälle der Tötung von „Grenzverletzern" durch den Einsatz der Schusswaffe im Zeitraum zwischen Dezember 1984 und Februar 1989 beschränkt. Diese durch die Strafprozessordnung ermöglichte Vorgehensweise, die auch in anderen umfangreichen Verfahren häufig angewendet wird, war durchaus sinnvoll; die grundsätzlichen rechtlich schwierigen Fragen, die dieser Prozess aufwarf, konnten geklärt werden, das Verfahren konnte in einem noch vertretbaren Zeitrahmen beendet werden und auf die Strafzumessung hatte die Beschränkung des Prozessstoffes keine grundlegende Auswirkung.

Die folgenden vier Fälle der Erschießung von Flüchtlingen durch Grenzsoldaten waren Grundlage des Urteils der Strafkammer:

Der erste Todesfall betrifft den bereits in Kapitel II geschilderten Fall des Fluchtversuches des 20-jährigen Michael Horst Schmidt am 1. Dezember 1984 von Pankow in Richtung Wedding. Die im hiesigen Verfahren getroffenen Feststellungen entsprechen weitgehend den Feststellungen im Prozess gegen die Mitglieder des Nationalen Verteidigungsrates; lediglich die Anzahl der abgegebenen Schüsse und die Entfernung, aus der die beiden Grenzsoldaten geschossen hatten, differieren geringfügig. Es mag dem Leser eigentümlich erscheinen, dass ein und dasselbe Geschehen in zwei verschiedenen Strafprozessen unterschiedlich geschildert wird; das ist nicht so ungewöhnlich, weil in jedem Verfahren eine gesonderte Beweisaufnahme und Beweiswürdigung zu erfolgen hat. Die in Strafprozessen festgestellte Wahrheit und die historische Wahrheit sind im Übrigen häufig nicht identisch, wobei die prozessuale Wahrheit wegen des Grundsatzes „Im Zweifel für den Angeklagten" häufig zu dessen Gunsten von der historischen Wahrheit abweicht.

Das zweite dem Urteil zugrunde liegende tödliche Geschehen ereignete sich in der Nacht vom 24. auf den 25. November 1986. In dieser Nacht wollte der 25-jährige Michael Bittner die Grenzanlagen im Bereich Glienicke Nordbahn im Kreis Oranienburg in Richtung des Westberliner Bezirkes Reinickendorf überwinden. Er hatte mit der mitgeführten Leiter schon die Hinterlandmauer überwunden und dabei ein akustisches Signal ausgelöst. Dadurch wurde die aus Postenführer und Posten bestehende Besatzung des etwa 200 m entfernten Beobachtungsturmes aufmerksam. Michael Bittner hatte die Leiter inzwischen bereits an der eigentlichen Grenzmauer angelehnt und begann, dieser zu erklimmen. Dabei wurde er nach zuvor seitens des Postenführers erfolgten Anrufes und der Abgaben von Warnschüssen von den beiden Grenzsoldaten aus einer Entfernung von etwa 150 m mit ihren Kalaschnikows gezielt beschossen. Der Postenführer verschoss zusammen mit den Warnschüssen 22 Patronen mit Dauerfeuer, der Posten gab 8 Schuss im Einzelfeuer ab. Michael Bittner wurde von zwei Kugeln rechts im Rücken getroffen; er verstarb gegen 1 Uhr 30 aufgrund der durch eines der Geschosse verursachten Herzverletzung. Die beiden beteiligten Grenzsoldaten erhielten eine Verdienstmedaille und einige Tage Sonderurlaub.

Das Verfahren gegen den Postenführer und den Posten wurde unter meinem Vorsitz im Oktober/November 1997 an sechs Verhandlungstagen vor der Strafkammer 9 geführt. In „meinem" Verfahren wurden Details festgestellt, die die Vorgehensweise der „Stasi" in derartigen Fällen in einem für diese Behörde bezeichnenden Licht erscheinen lassen. Im Einzelnen wird das wie auch die zum Teil kritikwürdige Vorgehensweise des Nebenklägervertreters in Kapitel VI dieses Buches geschildert.

Das dritte für einen der beiden „Grenzverletzer" tödliche Geschehen trug sich am Abend des 12. Februar 1987 zu. Der damals 24-jährige aus Mahlow stammende Lutz Schmidt entschloss sich gemeinsam mit seinem zehn Jahre älteren Freund Peter Schulze, die Grenzanlagen im Bereich der Rheingoldstraße in Treptow in Richtung des Bezirks Neukölln zu überwinden. Mittels einer mitgeführten Holzleiter überwanden sie die Hinterlandmauer und den Signalzaun, dessen Signal sie dadurch auslösten. Zwei etwa 200 m entfernte Grenzsoldaten wurden dadurch aufmerksam, konnten aber wegen starken Nebels nichts erkennen. Sie liefen deswegen an der Grenzmauer entlang in Richtung der von ihnen zutreffend vermuteten „Grenzverletzer". Die beiden Flüchtlinge hatten unterdessen bereits die Grenzmauer erreicht; mittels „Räuberleiter" – die Holzleiter erwies sich als zu kurz – konnte sich Peter Schulze auf die Mauerkrone ziehen, während Lutz Schmidt noch am

Fuß der Mauer stand. Einer der Grenzsoldaten erkannte nun aus etwa 65 m Entfernung die beiden Personen und rief „Halt! Stehen bleiben!", während der zweite Grenzsoldat, der Postenführer, unmittelbar nach dem Warnruf mit Dauerfeuer vier Warnschüsse in die Luft abgab. Als die Flüchtlinge sich davon nicht beeindrucken ließen und Peter Schulze versuchte, seinen Freund auf die Mauerkrone zu ziehen, befahl der Postenführer seinem Posten gezielte Schüsse auf die beiden „Grenzverletzer". Der Posten gab gemäß diesem Befehl mit Einzelfeuer sieben Schüsse auf die beiden Personen ab, wobei er die Personen nicht töten wollte, den Eintritt des Todes aber für möglich hielt und sich damit abfand, ebenso wie der Postenführer. Lutz Schmidt wurde durch den letzten dieser Schüsse rechts seitlich in die Brust getroffen; das Herz wurde zerfetzt und er verstarb nach wenigen Augenblicken durch inneres Verbluten. Peter Schulze fiel unverletzt auf die westliche Seite der Grenzmauer; ihm war damit die Flucht gelungen.

Posten und Postenführer erhielten mehrere Tage Sonderurlaub und eine Medaille für vorbildlichen Grenzdienst; der Schütze erhielt zudem eine Prämie von 300,- Mark der DDR.

Der vierte und letzte den Angeklagten zur Last gelegte tödliche Grenzvorfall betrifft den schon am Ende von Kapitel I geschilderten und auch in Kapitel II erwähnten Fall des Todes von Chris Gueffroy am 5. Februar 1989. Dieses Geschehen wird in seinen Einzelheiten in Kapitel V geschildert werden, desgleichen der Prozess gegen die vier beteiligten Grenzsoldaten, bei dem es sich um den ersten „Mauerschützenprozess" gehandelt hat.

Die Strafkammer hat in ihrem Urteil vom 25. August 1997 dem Angeklagten Krenz alle vier oben aufgeführten Fälle zugerechnet, weil er während der gesamten relevanten Zeit zwischen 1984 und 1989 Mitglied sowohl des Politbüros wie auch des Nationalen Verteidigungsrates war und damit in die Verantwortlichkeits- und Befehlskette, die letztlich zur Abgabe der tödlichen Schüsse führte, eingebunden war. Bei den Angeklagten Kleiber und Schabowski war dies „nur" hinsichtlich der letzten drei Tötungsgeschehen der Fall.

Die Strafkammer 527 hat auch in diesem Verfahren – gestützt auf die Entscheidung des Bundesgerichtshofes vom 26. Juli 1994 hinsichtlich des Nationalen Verteidigungsrates – das bundesdeutsche Strafrecht als das gegenüber dem DDR-Recht mildere Gesetz angewendet. In diesem Zusammenhang meint die Kammer, nach DDR-Recht habe Egon Krenz eine Strafe von nicht unter zehn Jahren zu erwarten gehabt, eine meines Erachtens etwas kühne und nicht wirklich belegte Behauptung des Gerichtes.

Alle drei Angeklagten wurden wegen Totschlags nach § 212 StGB verurteilt. Interessant ist, dass das Gericht den Angeklagten Kleiber und Schabowski, nicht aber dem Angeklagten Krenz, einen sogenannten „Verbotsirrtum" eingeräumt hat. Die Richter der Strafkammer 527 sind also davon ausgegangen, dass die beiden Angeklagten Kleiber und Schabowski der irrigen Auffassung waren, sie hätten bei ihrem Mitwirken im Politbüro und dem in Gang setzen der Befehlsketten bis zur Abgabe der tödlichen Schüsse auf die „Grenzverletzer" kein Unrecht begangen. Die Kammer hat aber gemeint, sie hätten diesen Irrtum vermeiden können, weil sie das Unrecht ihres Handelns hätten erkennen können; die Strafrechtsverstöße seien offensichtlich gewesen, es fehle an außergewöhnlichen Umständen, die eine andere Bewertung zuließen. Diese Einschätzung dürfte für die obersten Machthaber in der DDR zutreffend sein; ob sie auch für die „kleinen Grenzsoldaten" in gleicher Weise Gültigkeit hat, wird an anderer Stelle dieses Buches noch zu hinterfragen sein.

Für die Strafzumessung von Bedeutung war der Umstand, dass der Angeklagte Krenz anders als die Angeklagten Schabowski und Kleiber innerhalb des Politbüros für Sicherheitsfragen zuständig war und insoweit eine erheblich bedeutsamere Rolle hinsichtlich des Grenzsicherungssystems innehatte; er war detailliert über dessen tatsächliche Ausgestaltung informiert. Die Kammer hat ansonsten – wie dies in allen Strafverfahren üblich ist – das relativ frühzeitig erfolgte Teilgeständnis des Angeklagten Kleiber berücksichtigt. Hinsichtlich des Angeklagten Schabowski hat das Gericht dessen frühe, aufrichtige und selbstkritische Auseinandersetzung mit seiner eigenen Vergangenheit und seiner Mitgestaltung einer Diktatur gewürdigt; es hat insbesondere auch berücksichtigt, dass Günter Schabowski während des gesamten Verfahrens Ablehnung und offener Hass von Seiten einiger seiner ehemaligen „Genossen" entgegenschlug, die ihn als „Verräter" angesehen haben. Auch seine maßgebliche – nach meiner Einschätzung allerdings versehentlich erfolgte – Rolle bei der Öffnung der Mauer hat das Gericht berücksichtigt. Aus den genannten Gründen hat das Gericht für Schabowski und Kleiber einen sogenannten „minder schweren Fall" des Totschlags nach § 213 StGB angenommen, der einen Strafrahmen zwischen sechs Monaten und fünf Jahren eröffnet.

Hinsichtlich des Angeklagten Krenz hat das Gericht zwar festgestellt, dass er dem Interesse an der Unüberwindlichkeit der Grenzsperranlagen den Vorrang vor dem Leben der Flüchtlinge gab; er habe sich aber – etwa durch eine deutliche Aufstockung der Hinterlandsicherungskräfte – um eine Reduzierung des Gebrauchs des Schusswaffe gegen Flüchtlinge bemüht. Auch habe er – im Herbst 1989 zum Generalsekretär aufgestiegen – die anlässlich der Unruhen in der DDR immerhin denkbare Anwendung der Schusswaffe untersagt, ein aus meiner Sicht bedeutsamer Umstand, denn ein Vorgehen wie in Peking auf dem „Platz des himmlischen Friedens" war doch nicht völlig ausgeschlossen. Einen „minder schweren Fall" des Totschlags hat das Gericht bei Egon Krenz nicht bejaht.

Interessant und möglicherweise für die letztlich verhängten Strafen nicht gänzlich unbedeutend waren die „letzten Worte" der drei Angeklagten.

Günther Kleiber äußerte sich so: „Ich habe das Verfahren als sachlich und fair empfunden und danke dem Gericht, dass es in achtungsvoller Weise mit mir umgegangen ist." Diese Äußerung kann durchaus als „Kompliment" an den jungen Vorsitzenden und das gesamte Gericht verstanden werden; nach meinem Empfinden war es keine Speichelleckerei des Angeklagten Kleiber.

Auch und insbesondere die abschließenden Worte von Günter Schabowski halte ich für aufrichtig und nicht taktisch geprägt (was wir Richter ansonsten im Moabiter Alltag recht häufig erleben). Er sagte: „ Nichts konnte und kann es rechtfertigen, dass auch nur ein einziger Flüchtling, der … uns den Rücken kehren wollte, unter den schrecklichen Umständen, die hier beschrieben wurden, dafür mit seinem Leben bezahlen musste."

Das letzte Wort von Egon Krenz fiel demgegenüber etwas ab, indem er sagte: „Die siegreiche Macht rächt sich an den Vertretern der besiegten Macht."

Ob das Gericht Egon Krenz seine letzten Worte übel genommen hat, entzieht sich meiner Kenntnis. Er wurde jedenfalls wegen tateinheitlich begangenen Totschlags in drei Fällen und wegen eines weiteren Totschlags zu einer Gesamtfreiheitsstrafe von sechs Jahren und sechs Monaten

verurteilt.

Günter Schabowski und Günther Kleiber wurden jeweils wegen tateinheitlich begangenen dreifachen Totschlags zu einer Freiheitsstrafe von

drei Jahren

verurteilt.

Alle drei Angeklagten legten gegen das Urteil mit dem Ziel des Freispruches aus rechtlichen Gründen Revision ein, desgleichen die Staatsanwaltschaft, die höhere Strafen forderte. Der Bundesgerichtshof hat die Revisionen durch Urteil vom 8. November 1999 (ich finde, da hätte der BGH noch einen Tag warten können!) verworfen, also das Urteil der Strafkammer 527 bestätigt. Einige Absätze aus dem Urteil des Bundesgerichtshofes sind besonders bemerkenswert und verdienen es, hier wiedergegeben zu werden.

Es heißt darin unter anderem: „Den Angeklagten kam es …. darauf an, …. bei den Grenzsoldaten folgende Vorstellung zu erwecken bzw. aufrecht zu erhalten: Wenn die Flucht nicht anders zu verhindern ist, muss der Soldat auf den Flüchtling gezielt schießen, um diesen fluchtunfähig zu machen. Das Risiko, dadurch den Flüchtling zu töten, ist in Kauf zu nehmen, weil die Unverletzlichkeit der Grenze höher einzuschätzen ist als der Verlust eines Menschenlebens."

An anderer Stelle wird ausgeführt: „Im Rahmen ihrer Ausbildung wurde den Grenzsoldaten durch die Politoffiziere vermittelt, dass Flüchtlinge „Feinde des Friedens", dass sie „Verräter" und „Verbrecher" seien, dass „jede Grenzverletzung ein Verbrechen" sei. Sie wurden instruiert, dass jeder „Grenzverletzer seinen eigenen Tod in Kauf nähme".

Über diese Instruktion der einfachen Grenzsoldaten wird später bei der Schilderung der Verfahren gegen diese „kleinen Lichter" des Grenzregimes noch zu reden sein.

In geradezu schauerlicher Weise zitiert der Bundesgerichtshof aus einer vertraulichen Schrift für die Grenztruppen vom Mai 1982: „Der richtige und wirksame Einsatz der Schusswaffe im Grenzdienst ist nicht nur eine gesetzliche Pflicht, sondern das zutiefst moralische und humanistische Recht eines jeden Angehörigen der Grenztruppen. ... Noch nie wurden in der Geschichte unseres Volkes Waffen für eine edlere Sache getragen, wurde bewaffnete Gewalt im Interesse humanerer Ziele angewendet."

Da wird einem doch schlecht, wenn man das liest! Das können doch die Verfasser selbst schlechterdings nicht geglaubt haben!

Unter Bezugnahme auf die in Kapitel II bereits erwähnte Entscheidung des Bundesverfassungsgerichtes von 12. November 1996 betont der Bundesgerichtshof erneut, dass das Rückwirkungsverbot des Grundgesetzes nicht verletzt sei, wenn ein untergegangener Staat für den Bereich schwersten Unrechts eine Strafbarkeit ausschließe; wenn die Grenzsoldaten durch politisch-ideologische Beeinflussung sowie durch Belobigungen und Vergünstigungen zur Tötung von Flüchtlingen geradezu angehalten würden, müsse der ansonsten strikte Vertrauensschutz aus Art. 103 Abs. 2 GG zurücktreten.

Egon Krenz hat nach der ablehnenden Entscheidung des Bundesgerichtshofes das Bundesverfassungsgericht angerufen und Verfassungsbeschwerde eingelegt. Außerdem hat er die Aussetzung der Vollziehung der Urteile des Landgerichts und des Bundesgerichtshofes bis zur Entscheidung über seine Verfassungsbeschwerde und bis zur Entscheidung des Europäischen Gerichtshofes für Menschenrechte beantragt. Damit hatte er keinen Erfolg. Bemerkenswert ist, dass sich die Präsidentin des Bundesverfassungsgerichtes, Frau Prof. Jutta Limbach (bei der habe ich während meines Studiums an der Freien Universität Berlin Vorlesungen im Handelsrecht gehört), durch Beschluss vom 11. Januar 2000 selbst abgelehnt hat, weil sie in ihrer früheren Funktion als Justizsenatorin in Berlin (auch insoweit hatte ich mit ihr zu tun, da ich zur fraglichen Zeit an die Senatsverwaltung für Justiz abgeordnet war) in politischen Äußerungen und Vorträgen die strafrechtliche Verantwortlichkeit der politischen Führung der DDR für die Toten an der innerdeutschen Grenze und der Berliner Mauer bejaht hat. Da hatte die Präsidentin des Verfassungsgerichtes, die als Politikerin derartige Äußerungen durchaus tätigen durfte, mehr juristisches Gespür als der Vorsitzende der Strafkammer 527 des Landgerichts Berlin.

Einen Tag nach der Selbstablehnung der Präsidentin hat das Bundesverfassungsgericht die Verfassungsbeschwerde von Egon Krenz mangels Erfolgsaussichten nicht zur Entscheidung angenommen und zum wiederholten Mal auf das hier nicht tangierte Rückwirkungsverbot abgestellt. Ob sich Frau Prof. Dr. Limbach bei den Beratungen des Gerichtes gänzlich zurückgenommen hat?

Dass der von Egon Krenz angerufene Europäische Gerichtshof für Menschenrechte am 22. März 2001 seine Beschwerde verworfen hat, habe ich bereits in Kapitel II dargelegt.

Wie ging es nun mit den drei Verurteilten des Politbüroprozesses weiter?

Egon Krenz verbüßte bis zum 18. Dezember 2003 knapp vier Jahre seiner Haftstrafe von sechs Jahren und sechs Monaten; die Vollstreckung des Strafrestes wurde zur Bewährung ausgesetzt, er ist schon lange wieder in Freiheit. Während seiner Haftzeit hatte Krenz als Freigänger zuletzt am Flughafen Tegel für die Fluggesellschaft Germania ausrangierte Flugzeuge nach Russland verkauft; in dieses Land wird er wohl noch gute Beziehungen gehabt haben. Die Existenz eines wie auch immer gearteten „Schießbefehls" leugnet er weiterhin.

Günter Schabowski trat im Dezember 1999 seine Haftstrafe in der Freigängeranstalt Hakenfelde an. Er wurde schon nach knapp einem Jahr am 2. Dezember 2000 entlassen, nachdem der damalige Regierende Bürgermeister von Berlin Eberhard Diepgen ihn im September 2000 begnadigt hatte. Im Jahr 2001 war Schabowski neben ehemaligen Bürgerrechtlern wie Bärbel Bohley und Wolfgang Templin Teilnehmer an einem von der CDU initiierten Gesprächskreis. Später arbeitete er wieder in seinem erlernten Beruf als Journalist. Günter Schabowski ist am 1. November 2015 verstorben.

Günther Kleiber trat seine Strafe am 18. Januar 2000 an, ebenfalls in der Freigängeranstalt Hakenfelde. Auch er wurde – wie Schabowski – von Eberhard Diepgen am 6. September 2000 begnadigt und dann vermutlich auch im Dezember 2000 entlassen. Der damalige Regierende Bürgermeister wurde für seine Begnadigungspraxis, in deren Genuss auch „Hardliner" kamen (dazu mehr im folgenden Kapitel) durchaus kritisiert. Günther Kleiber starb am 29. März 2013.

Es ist festzustellen, dass auch die Angeklagten des Politbüroprozesses ein durchaus stattliches Alter erreicht haben. Den Opfern an Mauer und Grenze war das nicht vergönnt.

IV.

Zwei Strafverfahren gegen Führungskräfte der Grenztruppen

Bereits vor Beginn des Politbüroprozesses konnte ein anderes bedeutsames Verfahren um die Todesfälle an der innerdeutschen Grenze und der Berliner Mauer abgeschlossen werden. In diesem Verfahren waren Klaus-Dieter Baumgarten und fünf weitere hohe Verantwortungsträger der Grenztruppen-Führung angeklagt. Die sechs Angeklagten waren bei Prozessbeginn am 27. Oktober 1995 zwischen 64 und 69 Jahren alt. Auch in diesem Verfahren zeigte sich, dass die DDR in ihrem Führungsbereich ein Staat der alten Männer war.

Die Staatsanwaltschaft warf den Angeklagten vor, aufgrund ihrer herausragenden militärischen Funktionen mitverantwortlich für den Tod einer Vielzahl von Flüchtlingen zu sein. Der angeklagte Zeitraum umfasste die Jahre von 1980 bis 1989, es ging um durch Minen und Selbstschussanlagen verursachte Todesfälle sowie auch um von Grenzsoldaten erschossene „Grenzverletzer".

Der hochrangigste der Angeklagten war der am 1. März 1931 geborene Klaus-Dieter Baumgarten, der, zuletzt im Dienstgrad eines Generaloberst, von 1979 bis 1989 Chef der Grenztruppen der DDR war. Außerdem war er über zehn Jahre Stellvertreter des Ministers für Nationale Verteidigung (also zuletzt des im „Honecker-Verfahren" angeklagten und verurteilten Ministers Heinz Kessler). Aus seiner umfangreichen Einlassung, die er im Verfahren auch im Namen der anderen Angeklagten abgab, sei hier nur ein Satz zitiert: „Offensichtlich gehen .... die Justizorgane der BRD seit 1990 von der Überlegung aus, dass sich die

Opfer des kalten Krieges – die es an der Staatsgrenze der DDR zur BRD und zu Berlin (West) bedauerlicherweise gab – besonders gut eignen, die DDR nachträglich zu diffamieren und ihre früheren Verantwortungsträger sowie die ehemaligen Angehörigen der Grenztruppen rückwirkend zu kriminalisieren."

Im Verfahren gegen die Mitglieder des Nationalen Verteidigungsrates (vgl. Kapitel II) wurde Klaus-Dieter Baumgarten bereits am 5. August 1993 als Zeuge gehört. Obwohl gegen ihn wegen weitgehend identischer Vorwürfe zu diesem Zeitpunkt bereits ein Ermittlungsverfahren geführt wurde, das dann später zu dem hier geschilderten Prozess führte, und er daher das Recht gehabt hätte, zu schweigen, hat er sich umfassend geäußert. Ein wichtiger (und im Widerspruch zu den Realitäten an der Grenze stehender) Satz in seiner Aussage war: „Es gab zu keiner Zeit einen Schießbefehl." Eine weitere Bemerkung in seiner Zeugenaussage gibt durchaus zu denken, als er nämlich ausgeführt hat: „ Soldaten in der ganzen Welt gehorchen in gleicher Weise Gesetzen und Befehlen, die ihnen erteilt wurden, und niemand stellt sie dafür vor Gericht." An anderer Stelle scheint Klaus-Dieter Baumgarten mit seiner Aussage den Versuch gemacht zu haben, die Todesfälle an der Grenze gleichsam als Unglücksfälle und – wenn überhaupt – nur fahrlässiges Geschehen zu bewerten, indem er geäußert hat: „Leider gab es dabei …. auch Todesfälle. Sie waren aber …. nicht beabsichtigt und sind komplizierten Handlungsabläufen und besonderen Umständen geschuldet." Zu den an der Grenze verlegten Minen meinte Baumgarten (auch dies im Gegensatz zu der in Kapitel II insoweit dargelegten Faktenlage): „Bei den Minen handelte es sich um eine vorsorgliche Verteidigungsmaßnahme gegen Aufklärungshandlungen der NATO-Streitkräfte."

Einer der Verteidiger von Klaus-Dieter Baumgarten hatte seit 1971 hauptamtlich im Ministerium für Staatssicherheit in im

Laufe der Zeit leitenden Positionen gearbeitet. Er war in der DDR kurz vor deren Ende noch als Rechtsanwalt zugelassen worden. Im Verfahren fiel er durch das (teilweise wiederholte) Stellen von nur zum Teil sachdienlichen Anträgen auf. In dem von mir geführten und in Kapitel VIII geschilderten „Mauerschützenverfahren" habe ich diesen Anwalt als Verteidiger erlebt, ohne dass er mir unangenehm aufgefallen wäre; im Gegenteil hat er sogar Aufklärungshilfe insofern geleistet, als er mir den in einer bei den Akten befindlichen Unterlage des Ministeriums für Staatssicherheit benutzten Begriff „Duepo" erläuterte. So nämlich wurde Mitte der 60-er Jahre auf östlicher Seite die Polizei von Berlin (West) bezeichnet, nach dem damaligen Westberliner Polizeipräsidenten Duensing, einer durchaus problematischen Führungskraft.

Unangenehm aufgefallen – nicht nur durch das Stellen von teilweise „verquasten" Anträgen – ist auch in diesem Verfahren der von mir schon mehrfach erwähnte Nebenklägervertreter, auf den ich in Kapitel VI noch näher eingehen werde. Mir hat sich nie erschlossen, worauf der Erfolg dieses Rechtsanwaltes bei seinen Mandanten beruhte; herausragende Rechtskenntnisse können es jedenfalls nicht gewesen sein, eher seine hohe Entertainment-Kunst, die aber in so manchem Strafverfahren gänzlich unangebracht war. Vielleicht fanden es manche Mandanten auch gut, dass er die Gerichte „bis zum Geht-nicht-mehr" nervte.

Angesichts dieser zwei soeben erwähnten durchaus problematischen Verfahrensbeteiligten war es hilfreich, dass der Prozess von einem „gestandenen" Vorsitzenden geführt wurde. Dieser erfahrene Richter wurde von der Presse, die über das Verfahren regelmäßig berichtete, für seine umsichtige, bestimmte und gradlinige Art der Verhandlungsführung sehr gelobt, eine Auszeichnung, die für mich absolut nachvollziehbar ist, denn ich kannte diesen (leider früh verstorbenen) Kollegen persönlich recht gut. Neben anderen wichtigen Qualitäten wie guten Rechtskenntnissen und Durchsetzungsvermögen bei einer zugleich zu verzeichnenden konzilianten Art der Verhandlungsführung zeichnete den Kollegen auch eine markante und auf angenehme Weise durchdringende Bassstimme aus. Die Gesamtheit dieser für einen Richter hilfreichen Eigenschaften führte dazu, dass dieses Verfahren nach „nur" 38 Verhandlungstagen am 10. September 1996 mit einem Urteil abgeschlossen werden konnte.

Klaus-Dieter Baumgarten wurde wegen elffachen Totschlags und fünffachen versuchten Totschlags zu einer Gesamtfreiheitsstrafe

von sechs Jahren und sechs Monaten

verurteilt. Die übrigen fünf Angeklagten erhielten wegen Beihilfe zu diesen Taten Freiheitsstrafen zwischen

drei Jahren und drei Jahren neun Monaten.

Der Bundesgerichtshof hat im April 1997 die Revisionen der Angeklagten verworfen, das Bundesverfassungsgericht nahm durch Beschluss vom Juli 1997 die Verfassungsbeschwerden der Angeklagten mangels Erfolgsaussichten nicht an.

Bemerkenswert ist, dass der zu diesem Zeitpunkt von der Haft verschonte Baumgarten am 20. Oktober 1996, also gut einen Monat nach seiner Verurteilung durch das Landgericht, auf einem Landesparteitag der PDS Brandenburg auftrat, auf dem ihm der damalige Bundesvorsitzende Lothar Bisky öffentlich seinen Respekt und seine Solidarität versichert haben soll. Bisky soll bei diesem Anlass gesagt haben, die PDS werde es nicht hinnehmen, dass die Verantwortungsträger der DDR durch Strafgerichte kriminalisiert würden, denn das „kriminalisiert letztendlich uns alle, jeden loyalen ehemaligen Bürger der DDR". Was zu diesem Satz wohl die Mütter und Väter der an der Grenze erschossenen jungen Männer sagen?

Bereits Ende 1999 wird Klaus-Dieter Baumgarten vom damaligen Regierenden Bürgermeister von Berlin Eberhard Diepgen begnadigt; der rechtskräftig zu einer Strafe von sechs Jahren und sechs Monaten Verurteilte wird nach Verbüßung von knapp der Hälfte dieser Strafe am 15. März 2000 aus der Haft entlassen. Eberhard Diepgen ist für diese Begnadigungspraxis von vielen Seiten teilweise heftig kritisiert worden; auch der Vorsitzende Richter, der das Verfahren gegen Baumgarten vor dem Landgericht geführt hatte, äußerte sich kritisch zu dieser Begnadigung und führte in diesem Zusammenhang aus: „ In seiner Hartleibigkeit und Uneinsichtigkeit (wird Baumgarten) von keinem mir einschlägig bekannten Angeklagten auch nur annähernd erreicht."

Was Eberhard Diepgen zu seiner Entscheidung bewogen haben mag, bleibt ungeklärt; wahltaktische Erwägungen können es kaum gewesen sein, da die Berliner Abgeordnetenhauswahl im Oktober 2001 eine vorgezogene und daher Ende 1999 noch gar nicht absehbare Wahl war und die nächste Bundestagswahl erst im September 2002 anstand.

Klaus-Dieter Baumgarten ist am 17. Februar 2008 verstorben.

Der Vollständigkeit halber erwähne ich noch ein weiteres Verfahren gegen höchste Offiziere der Grenztruppen. In diesem Verfahren vor der Strafkammer 535 des Landgerichts Berlin waren acht ehemalige Generäle angeklagt; sie waren seinerzeit

Mitglieder des „Kollegiums" im Verteidigungsministerium, einer Runde der ranghöchsten Militärs der DDR. Zwei der acht Angeklagten sind schon zu Prozessbeginn am 18. August 1995 aus gesundheitlichen Gründen nicht erschienen, zwei weitere sind aus denselben Gründen im Laufe des sich über ein Jahr und neun Monate erstreckenden Verfahrens ausgeschieden. Die vier verbliebenen Angeklagten sind nach 84 Verhandlungstagen am 30. Mai 1997 wegen Beihilfe zum Totschlag (hier ging es um insgesamt acht Todesfälle an der Grenze) und wegen Beihilfe zum versuchten Totschlag (hier waren vier verletzte Personen betroffen) verurteilt worden. Zwei Angeklagte wurden jeweils zu einer Freiheitsstrafe von drei Jahren und drei Monaten verurteilt, ein Angeklagter erhielt eine Strafe von zwei Jahren und zehn Monaten und der vierte Angeklagte wurde zu einer Bewährungsstrafe von einem Jahr und zehn Monaten verurteilt.

Bemerkenswert sind insbesondere zwei Sätze aus der mündlichen Urteilsbegründung des mir gut bekannten Vorsitzenden Richters (unsere Kinder haben über viele Jahre dieselbe Klasse einer Zehlendorfer Schule besucht), in denen er Folgendes ausführt:

„Wie war es möglich, dass Menschen, die die Methoden des totalitären NS-Systems kennen- und verabscheuen gelernt hatten, dieselben Methoden später gutgeheißen, den Tod Andersdenkender oder schlicht woanders wohnen Wollender in Kauf genommen haben? Auf diese Frage haben die Angeklagten im Verfahren gegen sie keine Antwort gegeben."

V.

Der letzte Tote an der Mauer

Der am 21. Juni 1968 geborene Chris Gueffroy war ein sportlicher Typ. Er besuchte als Kind die dem SC Dynamo Berlin angegliederte Sportschule, sein Spezialgebiet war das Turnen. Da er dann aber auf der Oberschule mit den politisch Verantwortlichen an der Schule nicht immer übereinstimmte, verweigerte man ihm den Zugang zum Abitur und er musste die Schule vorzeitig verlassen. So erlernte Chris Gueffroy den Beruf eines Kellners, in dem er dann auch arbeitete. Zum Herbst 1988 sollte er zum Grundwehrdienst eingezogen werden, was ihm überhaupt nicht behagte. Der Einberufungstermin wurde schließlich aus mir nicht bekannten Gründen auf den Mai 1989 verlegt. In der Zwischenzeit reifte in dem jungen Mann der Gedanke, die DDR zu verlassen, um so dem verhassten Wehrdienst zu entgehen. Seine Fluchtüberlegungen besprach er mit seinem Freund Christian Gaudian und schließlich kamen die beiden jungen Männer Anfang Februar 1989 überein, ihre Überlegungen in die Tat umzusetzen, weil sie der – irrigen – Auffassung waren, der „Schießbefehl" sei wegen eines Staatsbesuches in der DDR ausgesetzt. In den späten Abendstunden des 5. Februar 1989 begaben sie sich kurz vor Mitternacht, ausgerüstet mit zwei Wurfankern, zu den Sperranlagen im Bereich vor dem Britzer Verbindungskanal in Treptow, nicht weit entfernt von Chris Gueffroys Wohnort in Johannisthal. Der Kanal gehört dort in ganzer Breite bereits zum Westberliner Bezirk Neukölln. Die beiden sportlichen Freunde hatten bereits mittels eines der Wurfanker und unter Anwendung einer „Räuberleiter" die Hinterlandmauer überwunden, die sich unmittelbar hinter zwei Kleingartenkolonien befand.

Diese Kleingartenkolonien hatten die Namen „Harmonie" und „Sorgenfrei", welch bittere Ironie! Die Flüchtlinge hatten den Grenzstreifen überquert, dabei ein Alarmsignal ausgelöst und befanden sich nun unmittelbar an dem das abschließende Sperrelement vor dem Kanal bildenden etwa 3 m hohen Metallgitterzaun. Als sie sich anschickten, dieses letzte Hindernis zu überwinden, wurden sie von einem Postenpaar entdeckt, angerufen und beschossen, möglicherweise zunächst in Form von Warnschüssen. Sie liefen in entgegengesetzter Richtung fort und gleichsam „in die Arme" eines anderen Postenpaares. Einer der vier beteiligten Grenzsoldaten schoss nun aus etwa 40 m Entfernung mit Einzelfeuer auf die beiden Flüchtlinge, zunächst gezielt in den Bereich der Beine. Sowohl Christian Gaudian als auch Chris Gueffroy wurden am Fuß getroffen; letzterer zeigte aber, möglicherweise aufgrund des ausgeschütteten Adrenalins, keinerlei Reaktion, so dass der Schütze nunmehr auf den Oberkörper von Chris Gueffroy zielte und abdrückte. Der junge Mann wurde ins Herz getroffen und verstarb kurz nach Mitternacht noch im Grenzstreifen. Er wurde 20 Jahre und sieben Monate alt. Christian Gaudian wurde festgenommen.

Die Mutter von Chris Gueffroy wurde am Folgetag zur „Klärung eines Sachverhaltes" von Mitarbeitern des Ministeriums für Staatssicherheit zur Vernehmung abgeholt; erst im Anschluss an die Vernehmung wurde ihr mitgeteilt: „Ihr Sohn hat ein Attentat auf eine militärische Einrichtung begangen. Er ist vor wenigen Stunden verstorben." Christian Gaudian wurde vom Stadtbezirksgericht Pankow am 24. Mai 1989 wegen „versuchten ungesetzlichen Grenzübertritts im schweren Fall" zu einer Freiheitsstrafe von drei Jahren verurteilt; er ist nach wenigen Monaten in Haft vom Westen „freigekauft" worden und am 17. Oktober 1989 nach Berlin (West) entlassen worden. Die vier beteiligten Grenzsoldaten, die laut einer Mitteilung eines

Offiziers des Ministeriums für Staatssicherheit insgesamt 22 Warn- und Zielschüsse abgegeben haben, erhielten das „Leistungsabzeichen der Grenztruppen" und eine Geldprämie von je 150 Mark der DDR.

Das Strafverfahren gegen die vier an der Tötung von Chris Gueffroy beteiligten Grenzsoldaten vor der Schwurgerichtskammer 523 des Landgerichts Berlin war der erste sogenannte „Mauerschützenprozess". Das Verfahren begann im September 1991. Wie bei einem solchen Pilotverfahren nicht anders zu erwarten, ging es hoch her. Staatsanwaltschaft und Gericht mussten mangels einschlägiger höchstrichterlicher Rechtsprechung einen Weg durch die vielen tatsächlichen und vor allem rechtlichen Probleme finden. Auf diesem Weg legten ihnen die Verteidiger viele Steine in den Weg. Das ist einerseits verständlich, weil die Verteidiger im Interesse ihrer Mandanten tätig werden müssen; es ist daher nachvollziehbar, dass sie angesichts der Vielzahl der höchst umstrittenen Rechtsfragen einen Freispruch anstrebten. Andererseits ist es bei nahezu jedem die Öffentlichkeit in besonderem Maße interessierenden Großverfahren so, dass zu Beginn seitens der Verteidiger „Theater" gemacht wird; jeder versucht, im eigenen Interesse „Duftmarken" zu setzen, das Gericht zu beeindrucken und sich so auch für spätere Verfahren mit vergleichbarer Thematik bei potentiellen Mandanten interessant zu machen. Der Vorsitzende der Schwurgerichtskammer war ein erfahrener, eher etwas knorriger Richter, der sich von den Attacken der Verteidiger nicht beeindrucken oder gar einschüchtern ließ, obwohl die Angriffe sogar persönlich wurden. Denn dem Sprachstil des Vorsitzenden war unschwer zu entnehmen, dass er – geboren noch vor dem zweiten Weltkrieg – im Gebiet der ehemaligen DDR aufgewachsen war; soweit ich mich erinnere, versuchten die Verteidiger, dem Vorsitzenden daraus „einen Strick zu drehen", dass ein Verwandter von ihm seinerzeit aus der DDR geflohen war, weshalb der Vorsitzende gegenüber dem Grenzregime im allgemeinen und den Grenzsoldaten im besonderen voreingenommen sei. Diese – aus meiner Sicht nicht ganz lauteren – Versuche waren erfolglos. Auch sonst stellten einige Verteidiger eher abstruse Anträge, die in dem Begehren, den Papst als Zeugen zu hören, gipfelten. Angesichts der Tatsache, dass der an der Grenze durch Schusswaffeneinsatz bewirkte gewaltsame Tod von Chris Gueffroy als solcher feststand, fragt man sich, welche Gefühle ein derartiges Verteidigervorgehen (bei allem Verständnis dafür, dass sie sich für die Belange ihrer Mandanten einsetzen müssen) bei der als Nebenklägerin am Verfahren beteiligten Mutter des Getöteten hervorgerufen hat. Sie soll sich so geäußert haben: „Das Auftreten der Anwälte hat dem Prozess seine Würde und Ernsthaftigkeit genommen." Nicht nur aus Sicht einer Mutter, deren 20-jähriger Sohn neun Monate vor dem Fall der Mauer erschossen worden ist, eine verständliche Empfindung!

Nach vier Monaten und 28 Verhandlungstagen verkündete der Vorsitzende am 20. Januar 1992 das Urteil. Der Todesschütze wurde wegen Totschlags zu einer Freiheitsstrafe von

drei Jahren und sechs Monaten

verurteilt. Ein weiterer Angeklagter wurde wegen versuchten Totschlags zu einer Freiheitsstrafe von

zwei Jahren mit Strafaussetzung zur Bewährung

verurteilt. Die beiden übrigen Angeklagten wurden freigesprochen.

Die verurteilten Grenzsoldaten legten, was angesichts der Vielzahl der noch ungeklärten Rechtsfragen und auch der Höhe der Strafe für den Todesschützen nachvollziehbar war, Revision ein. Mit seiner Entscheidung vom 25. März 1993 hat der Bundesgerichtshof den zu einer Bewährungsstrafe verurteilten Angeklagten ebenfalls freigesprochen. Das Urteil des Landgerichts gegen den Todesschützen wurde in den rechtlichen Erwägungen weitgehend bestätigt; der Bundesgerichtshof hob es aber in seinem Strafausspruch auf und verwies die Sache insoweit an eine andere Schwurgerichtskammer des Landgerichts Berlin zurück. Der entscheidende Satz der Entscheidung des Bundesgerichtshofes lautet: „Es wird die Verhängung einer Strafe nahegelegt, die noch zur Bewährung ausgesetzt werden kann." Dieser Satz, der jedenfalls faktisch eine Bindung des nunmehr zuständigen Gerichtes nach sich zog, bedeutete, dass eine Strafe von maximal zwei Jahren verhängt werden sollte, denn die Vollstreckung höherer Strafen kann nach unserer Rechtsordnung nicht mehr zur Bewährung ausgesetzt werden. Im zweiten Durchgang vor dem Landgericht Berlin, der nun eher ruhig verlief, wurde gemäß der Vorgabe des Bundesgerichtshofes durch Urteil vom 14. März 1994 eine Freiheitsstrafe von zwei Jahren mit Strafaussetzung zur Bewährung verhängt.

Der Bundesgerichtshof hat in dieser frühen Entscheidung mit seinem oben zitierten Satz, wonach bei entsprechender Schuldfeststellung für den einfachen Grenzsoldaten tunlichst eine zur Bewährung auszusetzende Strafe verhängt werden möge, für alle weiteren „Mauerschützenprozesse" eine bedeutsame Vorgabe geliefert, die von den erstinstanzlich zuständigen Landgerichten auch eingehalten worden ist. Nach meiner Kenntnis haben die einfachen Grenzsoldaten in allen Verfahren Bewährungsstrafen erhalten, soweit nicht ein Exzess (z.B. das Töten eines bereits hilf- und wehrlos am Boden liegenden Flüchtlings) vorlag. Angesichts des Umstandes, dass die Grenzsoldaten in der Hierarchie die „kleinsten Lichter" und zudem meistens ganz junge Männer waren, außerdem einer oft intensiven Indoktrination durch Politunterricht ausgesetzt waren, wonach „Grenzverletzer" Verbrecher seien und die Soldaten zur Sicherung des Friedens an der Grenze ihren schweren Dienst zu verrichten hätten, aus meiner Sicht eine nachvollziehbare Entscheidung des Bundesgerichtshofes.

VI.

Haftbefehl gegen einen Toten

„Sie unterscheiden sich ganz grundsätzlich von den Angeklagten, die sich sonst vor dieser Jugendstrafkammer zu verantworten haben. Sie stehen hier nur aufgrund der Besonderheiten im deutsch-deutschen Verhältnis und der problematischen Situation an der Berliner Mauer und der innerdeutschen Grenze. Als ich in dem Alter war, in dem Sie als Grenzsoldaten Ihren Dienst versehen haben, musste ich lediglich die Entscheidung treffen, in welche Vorlesung ich tagsüber und in welche Kneipe ich abends gehe; die Entscheidung, auf einen Menschen zu zielen und dann den Zeigefinger krumm zu machen oder auch nicht, musste ich nie treffen. Alle Mitglieder der Kammer sind sich dieser besonderen Umstände bewusst."

Mit diesen oder ähnlichen Worten habe ich alle sechs „Mauerschützenverfahren", die ich in der Zeit zwischen März 1995 und Oktober 2000 als Vorsitzender zusammen mit meinen Kollegen und den Schöffen geführt habe, eingeleitet. In diesen sechs Verfahren wurden Geschehnisse erörtert, die sich in den Jahren 1964 (zwei Fälle) sowie 1966, 1967, 1974 und 1986 (jeweils ein Fall) zugetragen haben. Jedermann kann sich vorstellen, dass es schwierig ist, Vorfälle, die teilweise über 30 Jahre zurückliegen, aufzuklären und gegebenenfalls für die Angeklagten eine „gerechte" Strafe zu finden. Angeklagte, die zum Teil deutlich älter waren als ich und die sich nun vor der Jugendkammer verantworten sollten. Weshalb Jugendkammer bei 50-jährigen Angeklagten? Nun, die Jugendkammer ist nach unserem – auch auf die „Mauerschützen" anzuwendenden – Rechtssystem immer zuständig, wenn es um Angeklagte geht, die noch keine 21 Jahre alt sind. Entscheidend dafür ist das Alter zum Zeitpunkt des Tatgeschehens, nicht das Alter zum Zeitpunkt der Gerichtsverhandlung. Viele der jungen Grenzsoldaten waren erst 19 oder 20 Jahre alt. Und dann mussten wir Richter auch noch entscheiden, ob der jeweilige Angeklagte, als er die tödlichen Schüsse abgab, in seiner Entwicklung zurückgeblieben war oder nicht, was für die Frage „Jugendrecht oder Erwachsenenrecht" bedeutsam war, eine nahezu unlösbare Aufgabe.

In diesem und den beiden Folgekapiteln will ich von drei der insgesamt sechs von mir geführten „Mauerschützenverfahren" berichten, die mir aus unterschiedlichen Gründen besonders erzählenswert erscheinen.

Die komplizierten rechtlichen Fragen waren bis zu meinem ersten Verfahren dieser Art vom Bundesgerichtshof und vom Bundesverfassungsgericht bereits weitestgehend beantwortet worden. Im Folgenden will ich versuchen, diese bereits geklärten Punkte kurz und trotzdem hoffentlich auch für Nichtjuristen verständlich darzulegen.

Da war als erstes die bedeutsame Frage der Verjährung. Nach einer durch den Einigungsvertrag von 1990 eingeführten Vorschrift bleibt für Taten, die nach der Staatsraison der DDR nicht geahndet worden sind (also die Todesschüsse an der Mauer) die Zeit vom 11. Oktober 1949 bis zum 2. Oktober 1990 (also die gesamte Dauer der Existenz der DDR) außer Betracht.

Der Bundesgerichtshof hat zu dieser Problematik noch erläuternd ausgeführt, dass auch eine nach bundesdeutschem Recht verjährte Tat, die nach DDR-Recht nicht verjährt war, nach der Vereinigung der beiden deutschen Staaten verfolgt werden kann. Diese Rechtsprechung war für meine Fälle aus den Jahren 1964, 1966 und 1967 relevant; denn der nach bundesdeutschem Recht hier vorliegende Totschlag wäre nach 20 Jahren, mithin vor der Vereinigung vom 3. Oktober 1990, verjährt gewesen.

Der Bundesgerichtshof hat auch festgehalten, dass das bundesdeutsche Recht als das gegenüber dem DDR-Recht mildere Recht auf die Todesfälle an der Grenze anzuwenden sei, weil es die Möglichkeit eines minder schweren Falles des Totschlages enthalte.

Im seit 1982 geltenden Grenzgesetz der DDR war ein nach DDR-Interpretation geltender Rechtfertigungsgrund für die Todesschüsse an der Mauer auch durch Dauerfeuer enthalten. Dieser Rechtfertigungsgrund hatte nach der Rechtsprechung des Bundesgerichtshofes wegen eines „groben Verstoßes gegen elementare Prinzipien der Gerechtigkeit und der Menschlichkeit außer Betracht zu bleiben"; das grundsätzlich auch für Rechtfertigungsgründe geltende Rückwirkungsverbot aus Art. 103 Abs. 2 GG gelte ausnahmsweise nicht für einen menschenrechtswidrigen Rechtfertigungsgrund.

Es liegt nach dem Bundesgerichtshof auch nicht der Entschuldigungsgrund des „Handelns auf Befehl" vor. Nach dem insoweit anzuwendenden bundesdeutschen Wehrstrafgesetz (ziemlich ähnlichen Regelungen enthielt das STGB-DDR) trifft den Befehlsempfänger (also den Grenzsoldaten) eine Schuld nur, wenn er erkennt, dass es sich bei der befohlenen Handlung um eine rechtswidrige Tat handelt oder dies nach den dem Soldaten bekannten Umständen offensichtlich ist. Der Bundesgerichtshof setzt die Rechtswidrigkeit des „Schießbefehls" als selbstverständlich voraus. Er meint dann zwar, an die Annahme der „Offensichtlichkeit" seien hohe Anforderungen zu stellen, sie liege nur dann vor, wenn „für einen durchschnittlichen Soldaten ohne weiteres Nachdenken und ohne weitere Erkundigungen auf der Hand liege", dass es sich um einen rechtswidrigen Befehl handle; diese hohen Anforderungen hat der Bundesgerichtshof dann aber meines Wissen in allen von ihm zu prüfenden Mauerschützenurteilen als erfüllt angesehen. Und wenn sich der Grenzsoldat insofern geirrt haben sollte (er also den Befehl doch für bindend erachtet haben sollte), dann war dieser Irrtum für ihn nach Ansicht des Bundesgerichtshofes jedenfalls vermeidbar, was keine Straflosigkeit, aber eine geringere Strafe nach sich ziehen kann.

Das erscheint alles durchaus kompliziert; ich habe damals nur halb im Scherz mitunter gesagt, der Bundesgerichtshof und das Bundesverfassungsgericht hätten drei „doppelte Rittberger" springen und zwei „Pirouetten" drehen müssen, um in den Strafverfahren wegen der Toten an der innerdeutschen Grenze und der Berliner Mauer zu rechtsstaatlich korrekten Ergebnissen kommen zu können. Gehalten habe ich mich als Richter aber jedenfalls trotz gewisser Bedenken an diese obergerichtliche Rechtsprechung.

Nach diesen mir unumgänglich erscheinenden allgemeinen Erklärungen gehe ich jetzt auf den gewaltsamen Tod des 25 Jahre alt gewordenen Michael Bittner ein, der auch Gegenstand des „Politbüroverfahrens" war und den ich in Kapitel III bereits kurz geschildert habe.

Michael Bittner, geboren am 31. August 1961, wuchs mit mehreren Geschwistern bei seiner Mutter im Ost-Berliner Stadtteil Rosenthal im Bezirk Pankow im Norden der Stadt auf. Sein Vater war früh verstorben. Nach dem Schulabschluss absolvierte Michael mit Erfolg eine Maurerlehre bei einem volkseigenen Betrieb. Im Mai 1980 wurde er zum Wehrdienst eingezogen. Diese Zeit empfand er als belastend, zumal er offensichtlich von Vorgesetzten schikaniert worden war. So reifte in ihm nach seiner Entlassung aus der Armee im Oktober 1981 der Entschluss, die DDR zu verlassen. Michael Bittner stellte daher in den Folgejahren mehrere Ausreiseanträge, die aber alle abgelehnt wurden; der letzte seiner Anträge wurde im Jahre 1986 abgelehnt. Aufgrund dieser abgelehnten und behördlich registrierten Anträge war für ihn klar, dass er in der DDR – neben den sonstigen ihn belastenden Einschränkungen – auch keine berufliche Perspektive haben würde. Er entschloss sich daher im November 1986 zur Flucht nach Berlin (West). Mutter und Geschwister weihte er in seinen Plan nicht ein; er teilte lediglich seinem Bruder (wahrheitswidrig) mit, sein letzter Ausreiseantrag sei genehmigt worden. In der Nacht vom 23. auf den 24. November 1986 näherte sich Michael Bittner im Bereich der Nohlstraße im nicht mehr zu Ostberlin, sondern zum Kreis Oranienburg gehörenden Ortsteil Glienicke/Nordbahn den Grenzsperranlagen, hinter denen der zum Westberliner Bezirk Reinickendorf gehörende Ortsteil Frohnau liegt. Warum er gerade diese Stelle ausgewählt hatte und ob er sich dort gut auskannte, ist unklar geblieben. Es ist auch nicht überprüfbar, ob Michael Bittner wusste, dass der Bereich zwischen Hinterlandmauer und abschließender Grenzmauer in diesem Bereich nur knapp 20 m umfasste und daher schnell zu überqueren war. Von seinem Wohnort lag der Ort der beabsichtigten Flucht jedenfalls einige Kilometer entfernt. Michael Bittner führte eine etwa 3 m lange und aus zwei Teilen zusammengesetzte Holzleiter mit sich, die ihm beim Überwinden der Sperranlagen als Hilfsmittel dienen sollte. Mit Hilfe dieser Leiter überwand er am 24. November 1986 um 1 Uhr

19 die 3 m hohe Hinterlandmauer; dabei berührte er den auf der Hinterlandmauer befindlichen Signalzaum und löste damit eine Rundumleuchte und akustische Signale aus.

In diesem Augenblick begannen sich auf für Michael Bittner tödliche Weise sein Lebensweg und die Lebenswege von zwei Grenzsoldaten zu kreuzen.

Der 20 Jahre und sechs Monate alte Werner Müller, aufgewachsen in einem Dorf bei Brandenburg, wurde nach erfolgreichem Abschluss einer Schlosserlehre im November 1985 zum Wehrdienst bei der Nationalen Volksarmee eingezogen, der er bis Mai 1987 angehörte; er wurde im Grenzdienst eingesetzt. Nach der Zeit beim Militär arbeitete er wieder als Schlosser, überstand die Wendezeit mit nur wenigen Monaten der Arbeitslosigkeit halbwegs unproblematisch, fand erneut eine Tätigkeit als Schlosser und heiratete 1991 seine langjährige Freundin.

Der zehn Jahre ältere Friedrich Schulze wuchs zusammen mit zwei jüngeren Geschwistern bei seinen Eltern in Berlin-Friedrichshain auf. Nach dem zehnjährigen Schulbesuch scheiterte er mit dem Versuch, eine Lehre zum Bauschlosser erfolgreich abzuschließen; er arbeitete daher in der Folgezeit als ungelernter Bauschlosser. Von Mai 1975 bis Oktober 1976 leistete Schulze seinen Wehrdienst ab. Bald danach heiratete er, aus der Ehe gingen zwei Töchter hervor. Es gelang Friedrich Schulze schließlich doch noch, den Facharbeiterbrief als Betriebsschlosser zu erlangen; auch über die Wende hinaus arbeitete er in seinem Beruf bei derselben Firma. Von Oktober 1986 bis Dezember 1986 wurde Schulze als Reservist erneut zur NVA eingezogen und im Grenzdienst eingesetzt.

Die beiden Männer hatten während ihrer Wehrdienstzeit, Schulze auch später als Reservist, Politunterricht. In diesem Unterricht wurde ihnen von eigens dafür geschulten Offizieren verdeutlicht, dass jeder, der versuche, die Grenze illegal zu überwinden, ein Staatsfeind, Verbrecher, Krimineller und Asozialer sei. Die während des Wehrdienstes durchgeführte Schießausbildung der beiden, wie aller Grenzsoldaten, erfolgte an der in der NVA gebräuchlichen Maschinenpistole „Kalaschnikow". Dabei erwies sich Müller als mittelmäßiger, Schulze als eher schwacher Schütze. In seiner Reservistenzeit, zehn Jahre nach seinem Wehrdienst, führte Schulze nur eine Schießübung durch.

In der Nacht vom 23. auf den 24. November 1986 waren Müller, zu dieser Zeit Gefreiter, und Schulze, Gefreiter der Reserve, als Postenpaar zur Grenzsicherung eingesetzt; Müller war als Postenführer der unmittelbare Vorgesetzte des Postens Schulze. Bewaffnet waren beide Soldaten mit einer Kalaschnikow; jeder hatte zwei Magazine mit jeweils dreißig Schuss Munition bei sich. Die Zusammensetzung der Postenpaare erfolgte bei jedem Dienst neu, damit sich keine „Vertraulichkeit", die zu einer Flucht missbraucht werden könnte, zwischen den beiden Soldaten entwickeln könnte.

Zu Beginn eines jeden, auch dieses Dienstes, erfolgte durch den vorgesetzten Offizier die „Vergatterung", mit der die konkreten Befehle für den jeweiligen Dienst erteilt wurden. In dieser Vergatterung hieß es, Grenzverletzer seien aufzuspüren, festzunehmen und notfalls zu vernichten. Den Soldaten wurde befohlen, Grenzdurchbrüche auf jeden Fall, erforderlichen falls unter Einsatz der Schusswaffe, zu verhindern. Es wurde nicht ausdrücklich gesagt, dass Flüchtlinge gegebenenfalls getötet werden sollten, jedoch war die Formulierung, sie seien notfalls zu vernichten, in diesem Sinne gemeint und wurde von den Soldaten auch so verstanden.

Müller hatte für diesen Dienst den Auftrag, sich mit seinem Posten Schulze am Fuß des Wachturmes B 28 in Höhe der

Nohlstraße in Glienicke/Nordbahn zu postieren. Der Grenzbereich war dort gut ausgeleuchtet. Zwischen Hinterlandmauer und der knapp 20 m entfernten Grenzmauer befanden sich zunächst ein Landstreifen, westlich davon der befestigte und für die Fahrzeuge der Grenzkräfte nutzbare Kolonnenweg und vor der Grenzmauer noch ein sorgfältig geharkter Sandstreifen.

Nachdem Bittner beim Übersteigen der Hinterlandmauer den Signalzaun berührt und damit das optische und akustische Signal ausgelöst hatte, wurde er vom Posten Schulze aus etwa 200 m Entfernung entdeckt, als er gerade von der Mauer zu Boden sprang. Schulze machte seinen Postenführer darauf aufmerksam. Dieser stieß einen lauten Warnruf „Halt, sofort stehen bleiben oder es wird geschossen!" aus. Michael Bittner ließ sich davon nicht aufhalten, sondern lief mit der Leiter weiter in Richtung der abschließenden Grenzmauer. Nun gaben sowohl Postenführer als auch Posten Warnschüsse ab, Postenführer Müller einen Feuerstoß mit „Dauerfeuer", Posten Schulze zwei Schüsse „Einzelfeuer". Gleichwohl lief der fest zur Fortsetzung seiner Fluchtbemühungen entschlossene Michael Bittner weiter auf die Grenzmauer zu, die er auch nach wenigen Sekunden erreichte; er lehnte die Holzleiter an und schickte sich an, diese zu erklimmen. Die beiden Soldaten waren inzwischen in Richtung des „Grenzverletzers" gelaufen und hatten sich ihm bis auf rund 160 m genähert. Als sie sahen, dass dieser bereits einige Sprossen der Leiter erklommen hatte, kniete Postenführer Müller auf dem Kolonnenweg nieder und gab mit „Dauerfeuer" eine Salve auf den Flüchtling ab; Posten Schulze kniete seitlich von seinem Postenführer nieder und gab mit Einzelfeuer ebenfalls Schüsse auf Michael Bittner ab. Beide wollten gemäß der Befehlslage die Flucht verhindern und nahmen daher den von ihnen nicht beabsichtigten Tod des „Grenzverletzers" hin, zumal beide wussten, dass die Kalaschnikow alles andere als eine Präzisionswaffe war. Michael Bittner hatte bereits die oberste Leitersprosse erreicht, als er von mindestens zwei Schüssen rechts seitlich in den Rumpf getroffen wurde und von der Leiter zurück auf den geharkten Grenzstreifen fiel. Die beiden Grenzsoldaten näherten sich unverzüglich der am Boden liegenden Person; Postenführer Müller sprach ihn an, ob er Komplizen habe, erhielt aber keine Antwort. Kurze Zeit später erschien mit einem „Trabant-Kübelwagen" eine aus zwei Soldaten bestehende „Alarmstreife", die Michael Bittner zu ihrem Fahrzeug schleppte und ihn auf den Rücksitz verfrachtete. Ebenfalls nur wenig später erschienen – wie in derartigen Fällen üblich – Mitarbeiter des Ministeriums für Staatssicherheit, führten eigene Ermittlungen durch und fotografierten den Ort des gescheiterten und für Michael Bittner tödlich endenden Fluchtversuches. Das vom MfS gefertigte und mir vom „Bundesbeauftragten für die Unterlagen des Staatssicherheitsdienstes der ehemaligen Deutschen Demokratischen Republik" (BStU) zur Verfügung gestellte Foto ist auf dem Cover dieses Buches zu sehen. Es war von den Stasi-Mitarbeitern mit folgendem, in Schreibmaschine geschriebenem Text versehen: „Ereignisort/ Grenzabschnitt mit Holzleiter am vorderen Sperrelement sowie Schleifspur am Fuß der Leiter."

Die oben erwähnte Alarmstreife brachte den tödlich verletzten Michael Bittner unverzüglich zur nahe gelegenen Grenzkontrollstelle Sandkrug . Den Verantwortlichen bei den Grenztruppen war es sehr wichtig, bei derartigen Vorfällen zu verhindern, dass westliche Beobachter, die durch die Schüsse alarmiert worden waren, irgendetwas sehen konnten. Ob Michael Bittner zu diesem Zeitpunkt noch lebte, ist unklar geblieben. Er wurde jedenfalls nunmehr zur Regimentsmedizinstelle in Glienicke verbracht, wo der Regimentsarzt (der später im Prozess als Zeuge gehört wurde) zwei oder drei Einschüsse im Rückenbereich feststellte; einer dieser Schüsse hatte eine tödliche Herzruptur herbeigeführt. Um 1 Uhr 50 wurde der Tod von Michael Bittner festgestellt. Er wurde 25 Jahre alt. Noch in derselben Nacht wurde der Leichnam ins gerichtsmedizinische Institut nach Bad Saarow transportiert. Dort erfolgte am nächsten Morgen die Obduktion durch zwei Ärzte (auch diese hörten wir im Verfahren als Zeugen), die die Ergebnisse der Untersuchung des Regimentsarztes bestätigten. Was danach mit dem Leichnam geschah, konnte nicht mit Sicherheit geklärt werden; vermutlich ist er im Krematorium Baumschulenweg eingeäschert worden. Mitarbeiter des Ministeriums für Staatssicherheit, die sich bei derartigen Grenzvorfällen stets unverzüglich einschalteten und die Ermittlungen und weitere Maßnahmen übernahmen, versuchten in diesem Fall, das gesamte Geschehen zu verschleiern. Tödliche Vorfälle an der Grenze passten im Jahre 1986 nicht mehr zum Image der um internationale Reputation bemühten DDR. Zu diesem Zweck wurden die Seiten des Sektionsbuches, in denen das Ergebnis der Obduktion von Michael Bittner einschließlich der konkreten Todesursache festgehalten worden waren, wenige Tage später von einem Oberstleutnant des MfS herausgerissen und vernichtet. Diesen Oberstleutnant haben wir später im Prozess als Zeugen gehört haben; er hat zur Überzeugung des Gerichtes einen Meineid geleistet hat, als er uns weismachen wollte, alles sei „streng nach Recht und Gesetz" erfolgt. Auch aus dem Arbeitsbuch des Institutes wurden die Michael Bittner betreffenden Seiten entfernt. Damit nicht genug, gegen den toten Michael Bittner wurde ein Ermittlungsverfahren wegen „landesverräterischer Agententätigkeit und ungesetzlichen Grenzübertrittes" eingeleitet, von „kriminellen Menschenhändlerbanden" war die Rede und das Stadtbezirksgericht Mitte erließ (möglicherweise in Unkenntnis der tatsächlichen Geschehnisse) einen Haftbefehl gegen den erschossenen Michael Bittner. Besonders bitter und perfide ist, dass sogar die Mutter des Getöteten im Rahmen dieses Ermittlungsverfahrens als Zeugin gehört worden und ihr in dieser Vernehmung vorgegaukelt worden ist, ihr Sohn sei in den Westen gelangt.

Die ansonsten – wie regelmäßig bei derartigen Vorfällen – sehr peniblen Ermittlungen der Mitarbeiter des Ministeriums für Staatssicherheit (die durch Zeugenvernehmungen und die teilweise Verlesung der Stasi-Akte „Morgentau" in unsere Hauptverhandlung eingeführt worden sind) ergaben, dass es sich bei dem Toten mit zweifelsfreier Sicherheit um Michael Bittner gehandelt hat, der bei seinem Fluchtversuch Personalpapiere mit sich geführt hatte. Aus den Ermittlungen ergab sich auch, dass Postenführer Müller insgesamt 22 Schüsse und Posten Schulze 8 Schüsse abgegeben hat. Aus wessen Waffe der letztlich tödliche Schuss abgegeben worden ist, konnten weder die Stasi noch auch Jahre später das Gericht ermitteln. In der schriftlichen Äußerung des Postenführers Müller vom 24. November 1986, die im späteren Gerichtsverfahren in die Hauptverhandlung eingeführt worden ist, ist die etwas gespenstische Formulierung enthalten „ Der Grenzverletzer ….. wurde von mir und meinem Posten erst gestreckt, als er sich schon 4 – 5 Stufen auf der Leiter befand." Ob das Wort „gestreckt" eine typisch militärische Formulierung ist, entzieht sich meiner Kenntnis. Im Übrigen verhängte das Ministerium für Staatssicherheit in diesem Fall eine Nachrichtensperre; außerdem mussten alle Beteiligten eine schriftliche Schweigeverpflichtung unterzeichnen.

Für Postenführer und Posten fand kurz nach dem Vorfall ein militärischer Appell und sodann ein gemeinsames Frühstück mit Offizieren statt, weil sie einen Fluchtversuch erfolgreich verhindert hatten. Postenführer Müller wurde später belobigt, erhielt zwei Tage Sonderurlaub, eine Medaille und 100,- Mark der DDR; Posten Schulze wurden ebenfalls belobigt, er erhielt ebenfalls eine Medaille und Sonderurlaub, aber keine Geldprämie.

Ab dem 1. Februar 1993 machte die Jugendstrafkammer 9 (deren Vorsitzender ich zu dieser Zeit noch nicht war) einen ersten Versuch der strafrechtlichen Aufarbeitung des Geschehens vom 24. November 1986. Eigentlich waren die Voraussetzungen für eine Erledigung des Verfahrens in angemessener Zeit recht gut. Beide Angeklagten hatten vernünftige Verteidiger, die nicht „auf Krawall gebürstet" waren. Die Angeklagten hatten im Ermittlungsverfahren und auch zu Beginn der Hauptverhandlung bestätigt, am 24. November 1986 auf den „Grenzverletzer" geschossen und diesen getroffen zu haben. Dass es gleichwohl nach vierzehn Verhandlungstagen bis zum 12. Mai 1993 nicht möglich war, das Verfahren mit einem Urteil abzuschließen, lag ausschließlich an dem von mir schon mehrfach erwähnten äußerst problematischen Nebenklägervertreter. Zwar ist es verständlich und gut nachvollziehbar, dass die als Nebenklägerinnen an dem Verfahren beteiligte Mutter und die Schwester von Michael Bittner Gewissheit erlangen wollten, ob es sich bei dem am 24. November 1986 erschossenen Flüchtling tatsächlich um den Sohn/Bruder gehandelt hat. Und es ist auch verständlich, dass im Falle der Bejahung dieser Frage die Angehörigen zu erfahren trachten, was mit den sterblichen Überresten des Erschossenen geschehen ist. Die Vorgehensweise ihres Anwaltes (den Nebenklägerinnen selbst will ich das keineswegs vorwerfen, da sie ja keine Kenntnisse über den juristischen Sinn oder Unsinn der Anträge ihres Rechtsanwaltes haben können) in diesem wie auch in vielen anderen Verfahren ist aber deutlich zu kritisieren. Obwohl der Anwalt im Jahre 2005 verstorben ist, kann ich im Interesse der Vollständigkeit und der Wahrhaftigkeit meiner Schilderungen den alten römischen Grundsatz „de mortuis nil nisi bene" (über die Toten nichts, wenn nicht Gutes) nicht befolgen. Denn der Nebenklägervertreter schoss mit seinen Anträgen weit über ein auch nur noch halbwegs sachlich gerechtfertigtes Ziel hinaus.

So beantragte er in diesem ersten Verfahren (ich habe die Protokolle der vierzehn Verhandlungstage gelesen und kann mir daher ein gutes Bild vom Ablauf dieses Prozesses machen) u.a. die Vernehmung von Erich Honecker, Erich Mielke, Heinz Kessler und Fritz Streletz (vgl. Kapitel II), von Klaus-Dieter Baumgarten (vgl. Kapitel IV), vom damaligen Regierenden Bürgermeister von Berlin Eberhard Diepgen, vom damaligen Minister Schäuble, von Egon Krenz (vgl. Kapitel III), von Michael Gorbatschow und Hans-Dietrich Genscher. Diese Liste von „Prominenten", die zum konkreten Verfahren mit absoluter Sicherheit überhaupt nichts Weiterbringendes hätten sagen können, zeigt schon, dass es dem Nebenklägervertreter lediglich um „Effekthascherei" ging. Keiner dieser benannten Zeugen hätte etwas zur Identität des Erschossenen sagen können; es stand im Übrigen nach den vorhandenen schriftlichen Unterlagen außerhalb jeden Zweifels fest, dass es sich bei dem getöteten Flüchtling um Michael Bittner gehandelt hat. Der gesamte Vorfall ist von den Verantwortlichen von NVA und MfS unmittelbar nach dem Geschehen minutiös schriftlich dokumentiert worden; dies umfasste auch die Identität des Getöteten, der ein Personaldokument bei sich führte. Da auch die DDR mit typisch deutscher akkurater bürokratischer Genauigkeit vorging und alles schriftlich festhielt (diese schriftlichen Aufzeichnungen waren die Grundlage für die meisten „Mauerschützenprozesse"), gab es keine Veranlassung, zu bezweifeln, dass es sich bei dem Getöteten um Michael Bittner gehandelt hat. Auch zur Aufklärung der verständlichen Frage nach dem Verbleib der sterblichen Überreste von Michael Bittner hätten weder Honecker noch Gorbatschow oder Genscher etwas beitragen können. Hinzu kommt, dass für die Strafbarkeit der beiden angeklagten Grenzsoldaten letztlich weder die Identität des Opfers noch der spätere Verbleib des Leichnams von Bedeutung waren.

Nachdem der Nebenklägervertreter – soweit ich weiß, hat er das zweite juristische Staatsexamen nach zwei vergeblichen Versuchen erst im dritten Anlauf mit einer Sondergenehmigung geschafft – in dieser ersten Verhandlung nach dem Plädoyer des Staatsanwaltes weitere umfangreiche Anträge angekündigt hatte, musste das Verfahren ausgesetzt werden (d.h. vierzehn Verhandlungstage, die auch eine Menge Geld gekostet hatten, waren „für die Katz"), weil andere unaufschiebbare Haftsachen verhandelt werden mussten.

Erst viereinhalb Jahre später, am 27. Oktober 1997, begann unter meinem Vorsitz der zweite Anlauf. Warum das so lange gedauert hat, vermag ich heute nicht mehr zu sagen. Eigentlich war ich in meinen Bemühungen, meine Verfahren in angemessen kurzer Frist zu erledigen, ganz erfolgreich; in diesem Fall hat das aber offensichtlich nicht geklappt. Diese lange Wartezeit war sicherlich sowohl für die Angeklagten als auch für die Angehörigen von Michael Bittner belastend. Das Verfahren begann mit denselben Verteidigern und auch weiterhin mit dem berühmt-berüchtigten Nebenklägervertreter, aber ich war ja vorgewarnt. Die Angeklagten räumten wiederum die tödlichen Schüsse ein, wir konnten das gesamte Geschehen relativ zügig durch Zeugenvernehmungen und das Verlesen von Schriftstücken aufklären. Interessant war die Aussage eines Zeugen von westlicher Seite, der durch die Schüsse aufmerksam geworden war und meinte, wenig später einen Ausruf „Ich habe das Schwein erwischt" oder „Das Schwein ist erwischt worden" gehört zu haben. Da dieser Ausruf, so er denn tatsächlich gefallen sein sollte, weder einem der Angeklagten noch den Mitgliedern der „Alarmstreife" zugeordnet werden konnte, hatte er außer Betracht zu bleiben. Zum Verbleib des Leichnams konnten auch wir keine Klärung herbeiführen. Auch in diesem zweiten Durchgang stellte der Nebenklägervertreter wieder viele Anträge (wenngleich nicht ganz so viele wie im ersten Verfahren), die wir aber nahezu alle ablehnten. So konnte ich bereits am sechsten Verhandlungstag, dem 27. November 1997, das Urteil verkünden.

Beide Angeklagte wurden wegen Totschlags jeweils zu einer Freiheitsstrafe von

einem Jahr und drei Monaten mit Strafaussetzung zur Bewährung

verurteilt. Wegen der für die Angeklagten schwierigen besonderen Umstände an der Grenze hat die Kammer einen minder schweren Fall des Totschlags angenommen. Unerheblich war, dass die Kammer nicht feststellen konnte, wer von den beiden Angeklagten die letztlich tödlichen Schüsse abgegeben hat; denn beide handelten im Zusammenwirken als Mittäter, so dass jedem das Tun auch des anderen zuzurechnen war. Gemäß den Vorgaben von Bundesgerichtshof und Bundesverfassungsgericht sind wir davon ausgegangen, dass keine Rechtfertigungs- und Entschuldigungsgründe vorlagen, da der „Schießbefehl" in einem unerträglichen und damit unbeachtlichen Widerspruch zu allgemeinen Prinzipien der Menschlichkeit stand und einen elementaren Verstoß gegen allgemein gültige Grundsätze der Menschenwürde darstellte. Die beiden Angeklagten hätten dies – unbeschadet ihrer schulischen Erziehung in der DDR und der politischen Indoktrination bei den Grenztruppen insbesondere im Unterricht durch die Politoffiziere – erkennen können, so dass ein etwaiger Irrtum jedenfalls vermeidbar war. Diese und weitere Ausführungen, auch zur Strafzumessung, sind im schriftlichen Urteil ausführlich dargelegt worden.

In der mündlichen Begründung unmittelbar im Anschluss an die Verkündung des Urteils im Gerichtssaal habe ich mich freilich anders geäußert; ich habe in diesem Verfahren (und sinngemäß auch in den anderen von mir geführten Mauer-schützenverfahren) in etwa folgendes ausgeführt:

„Ich will Ihnen hier nicht die Rechtsprechung des Bundesge-richtshofes und des Bundesverfassungsgerichtes erläutern. Die würden Sie angesichts ihrer Kompliziertheit möglicherweise nicht verstehen, wie wohl auch manch anderer sie nicht ver-steht. Ich will nur so viel sagen: Letztlich wusste jeder und wussten auch Sie, dass es irgendwie nicht in Ordnung war, jemanden zu erschießen, der unbewaffnet war und nichts wei-ter wollte, als von Treptow nach Neukölln oder von Pankow nach Reinickendorf zu gelangen, um vielleicht mal seine Oma zu besuchen, oder der mal einen Bummel über den Kurfür-stendamm machen wollte oder der einfach nur weg wollte. Der von Ihnen getötete „Grenzverletzer" wollte ja nicht etwa illegal rein in die DDR, sondern raus, das wird eigentlich nur bei Gefängnissen mit Gewalt verhindert. Es geht in diesem Verfahren nicht darum, Sie zu kriminalisieren und einzusper-ren. Der tiefere Sinn dieser Verfahren ist es, insbesondere auch im Interesse der Angehörigen der Opfer, durch eine staatlich autorisierte Institution wie das Gericht festzustellen, dass die Todesschüsse an der Mauer Unrecht waren."

Die beiden Angeklagten habe ich mit diesen Worten offen-sichtlich überzeugt; sie haben das Urteil akzeptiert und kein Rechtsmittel eingelegt.

Die Sache ist aber noch nicht gänzlich fertig erzählt. Jedes Urteil muss auch eine Kostenentscheidung enthalten und die Kosten in diesen zwei Verfahren mit insgesamt zwanzig Verhandlungstagen waren beträchtlich, zumal grundsätzlich ein verurteilter Angeklagter auch die Auslagen der Nebenkläger zu tragen hat. Dies schien uns in diesem Fall ungerecht, da die Angeklagten von Anfang an geständig waren und ein erheblicher Teil der Verhandlungstage und damit auch der Kosten ausschließlich durch die ganz überwiegend neben der Sache liegenden Anträge des Nebenklägervertreters entstanden waren. Daher haben wir – rechtlich durchaus gewagt – den Angeklagten nur die Hälfte der Verfahrenskosten auferlegt und auch nur die Hälfte der Auslagen der Nebenkläger und dies mit Gerechtigkeitserwägungen begründet. Der Nebenklägervertreter war natürlich empört und hat gegen die Kostenentscheidung sogleich sofortige Beschwerde eingelegt, über die das Kammergericht zu entscheiden hatte. Obwohl ich so manches Mal mit Entscheidungen des Kammergerichts nicht recht einverstanden war, habe ich mich über den in dieser Sache ergangenen Beschluss doch gefreut. Das Kammergericht hat unsere Kostenentscheidung bestätigt mit dem Kernargument, dass die Anträge des Nebenklägervertreters nicht dem Schutz der eigenen Rechtsposition gedient hätten, sondern ersichtlich auf die „Erzielung allgemeiner Aufmerksamkeit" ausgerichtet gewesen seien.

Der Nebenklägervertreter, der mich in den Monaten nach unserem Urteil stets mit den Worten begrüßte „Guten Tag, Herr Schweckendieck, bei Ihnen bekommen ja sogar Mörder Bewährung!", war jedenfalls nicht nachtragend. Geraume Zeit nach unserer ungewöhnlichen Kostenentscheidung trafen wir uns auf dem Gerichtsflur und er meinte zu mir. „Ich bin mit Ihrer Kostenentscheidung in einem anderen Verfahren hausieren gegangen, aber Ihre Kollegen wollten Ihnen nicht folgen."

VII.

Die Kalaschnikow

Es war im März 1995 mein erster Mauerschützenprozess. Der Flüchtling hat die Schüsse der Grenzsoldaten, im April 1967 abgefeuert aus zwei Kalaschnikows, überlebt, unser Urteil die Entscheidung des Bundesgerichtshofes leider nicht.

Aber der Reihenfolge nach:
Harry Klamt wohnte bei seinen Eltern in Berlin-Köpenick. Dort gefiel es ihm nicht und er wollte in den Westen der Stadt zu seinen dort lebenden Großeltern. Ob seine Motivation die von ihm als zu streng empfundenen Eltern oder die Verhältnisse in der DDR oder bloße Abenteuerlust oder eine Kombination aus allen diesen Faktoren war, haben wir später nicht zuverlässig feststellen können. Schon als Vierzehnjähriger hatte Harry einen ersten – gescheiterten – Fluchtversuch unternommen, der (wohl wegen seines sehr jugendlichen Alters) keine strafrechtlichen Konsequenzen nach sich gezogen hatte. Im Frühjahr 1967, Harry war jetzt sechzehn Jahre alt, unternahm er einen zweiten Fluchtversuch. Am Morgen des 20. April 1967 verließ er die elterliche Wohnung, so als ob er sich auf den Weg zur Schule machen würde. Tatsächlich begab er sich zu Fuß in den an der Sektorengrenze gelegenen Ortsteil Alt-Glienicke und verbarg sich den Tag über auf einem bereits dicht am Sperrgebiet gelegenen Friedhof. Im Schutz der Dunkelheit kroch er dann auf die schon nahe an Berlin-West grenzende südwestliche Ecke des Friedhofes; dort suchte und fand er Sichtschutz hinter Grabsteinen. Nachdem ein Kontrollposten auf dem Kolonnenweg durchgefahren war, entschloss sich Harry Klamt um 21 Uhr 15 endgültig zur Flucht. Er kroch

im Schutz der Friedhofsbepflanzung weiter Richtung Grenzanlagen und rannte dann los. Er überwand zunächst einen einfachen Drahtzaun, wobei er ein akustisches Signal, einen schrillen Pfeifton, auslöste, rannte dann weiter über den etwa 30 m breiten „Todesstreifen", überwand den Kolonnenweg und den anschließenden Sperrgraben, erreichte den unmittelbar an der Grenze befindlichen etwa 2 m hohen und von Betonpfählen gehaltenen doppelten Stacheldrahtzaun (zu dieser Zeit gab es dort noch keine Mauer) und schickte sich an, diesen zu überklettern.

Durch den Pfeifton wurden die dort diensttuenden Grenzsoldaten, der zum Zeitpunkt unseres Verfahrens im März 1995 bereits verstorbene Posten Frädrich, und der Angeklagte unseres Verfahrens, der Unteroffizier und Postenführer Walter Liebrich, aufmerksam.

Der im April 1967 zwanzig Jahre und zehn Monate alte Walter Liebrich ist im Harz gemeinsam mit sieben Geschwistern aufgewachsen. Nach der achten Klasse absolvierte er erfolgreich eine Lehre als „Hauer" bei den dortigen Kali-Werken. Er wurde Mitglied bei den „Jungen Pionieren" und später in der FDJ. Im November 1965 wurde er zum Wehrdienst eingezogen; da er sich davon für sein zukünftiges Leben in der DDR Vorteile versprach, verpflichtete er sich freiwillig für drei Jahre. In der sechsmonatigen Ausbildung hatte Liebrich Schießunterricht an der Kalaschnikow, wobei er sich als mittelmäßiger Schütze erwies; die für bessere Schützen vorgesehene Auszeichnung der „Schützenschnur" erlangte er nicht. Während der Ausbildungszeit und auch danach hatte er, wie auch alle anderen Grenzsoldaten, Politunterricht, wonach „Grenzverletzer" Kriminelle seien und der Dienst an der Grenze der Sicherung des Friedens diene. Nach der Ausbildung kam Liebrich zum Grenzregiment nach Berlin-Treptow; im Oktober 1968 schied er als Unterfeldwebel aus dem Militärdienst, den er die ganze Zeit im Grenzdienst verbracht hatte, aus. Im Jahre 1967, während seiner Militärzeit, trat er in die SED ein. Im Herbst 1968 setzte er dann seine Arbeit im Kali-Werk fort und wurde dort alsbald Mitglied der Betriebskampfgruppe. Man wird also sagen können, dass Walter Liebrich ein zuverlässiger Bürger der DDR war. Sein weiteres Leben, auch nach der Wende, verlief unauffällig; strafrechtlich ist er nie in Erscheinung getreten.

Am 20. April 1967 war Liebrich im Bereich gegenüber der Westberliner Radarstation Berlin-Rudow als Postenführer eingesetzt, zusammen mit seinem Posten, dem Gefreiten Frädrich. Beide waren vor Dienstbeginn zusammen mit den anderen diensttuenden Soldaten vom Kompaniechef vergattert worden. Gemäß der damals geltenden „DV 30/10 – Vorschrift über die Organisation und Führung der Grenzsicherung in der Grenzkompanie" vom 8. Februar 1964 hieß es dort u.a. „Der Zug … sichert die Staatsgrenze der Deutschen Demokratischen Republik im Abschnitt der …. Grenzkompanie mit der Aufgabe, Grenzdurchbrüche nicht zuzulassen, Grenzverletzer vorläufig festzunehmen oder unschädlich zu machen – Vergatterung!" Diese Vergatterung schloss, wie alle Grenzsoldaten wussten, notfalls auch die Herbeiführung des Todes eines Grenzverletzers mit ein, wenn nur dadurch eine Flucht verhindert werden konnte.

Liebrich und Frädrich hatten befehlsgemäß beide auf dem Beobachtungsturm an der Nord-West-Ecke des bereits erwähnten Friedhofs Posten zu beziehen und den Bereich zwischen den Siedlungen „Grüneck" und „Am Rehpfuhl" zu bewachen. Ihr Dienst hatte um 14 Uhr begonnen und sollte um 22 Uhr enden. Kurz vor Dienstende nahm das Verhängnis seinen Lauf und die beiden Soldaten wurden durch den schrillen Pfeifton, den Harry Klamt um 21 Uhr 15 beim Übersteigen des Hinterlandzaunes ausgelöst hatte, hochgeschreckt. Der Posten Frädrich sah durch ein Fenster des Turmes, äußerte „Mensch, da rennt einer!", rief durch das geöffnete Fenster „Halt! Stehen bleiben!" und ergriff seine Waffe, ein der Kalaschnikow weitgehend baugleiches leichtes Maschinengewehr. Wenige Augenblicke später ergriff auch der Postenführer Liebrich seine an der Wand lehnende Kalaschnikow.

An dieser Stelle ist es angebracht, einige Worte über die in diesem Buch schon vielfach erwähnte „Kalaschnikow" zu verlieren. Konstruiert wurde diese Waffe im Jahre 1947 von dem vor einigen Jahren im hohen Alter von 94 Jahren verstorbenen russischen Waffenkonstrukteur Michail Kalaschnikow. In Anlehnung an den Konstrukteur und das Erscheinungsjahr lautete die offizielle Bezeichnung der Waffe „AK 47". Einschließlich diverser Nachbauten in anderen Ländern soll diese Waffe etwa in einer Stückzahl von 80 bis 100 Millionen gebaut worden und damit die meistproduzierte Waffe der Welt sein. Was mit dieser Waffe alles angerichtet worden ist, lässt sich nicht in Zahlen ausdrücken. Nicht geklärt ist die Frage, ob bei der Konstruktion dieser Waffe der bis 1945 in der „Waffenschmiede" in Suhl tätige deutsche Konstrukteur Hugo Schmeisser in irgendeiner Weise beteiligt war. Dafür spricht, dass Schmeisser im Jahre 1944 für die „Wehrmacht" das Sturmgewehr STG-44 konstruiert hatte, dem die Kalaschnikow äußerlich sehr ähnlich ist; dafür spricht auch, dass Schmeisser nach Kriegsende in die Sowjetunion verschleppt worden ist und in eben der Stadt seine Waffenkenntnisse zur Verfügung stellen musste, in der auch der Konstrukteur der „AK 47" tätig war. Dagegen spricht, dass die technischen Einzelheiten beider Waffen doch recht unterschiedlich sind. Die in den Armeen des „Warschauer Paktes" als Standartwaffe gebräuchliche „AK 47" wurde dort als „Maschinenpistole" bezeichnet, während sie im westlichen Bündnis als „Sturmgewehr" angesehen wurde, zumal mit ihr Gewehrmunition verschossen wird. Wie auch immer, es handelt sich jedenfalls um eine äußerst robuste Waffe, die auch schon mal im Dreck liegen kann und hinterher trotzdem noch funktioniert. Eine Präzisionswaffe ist die Kalaschnikow in der Hand eines durchschnittlichen Schützen allerdings nicht. Insbesondere bei „Dauerfeuer" (der Sicherungshebel ist in Stufe 1 auf „Dauerfeuer", in Stufe 2 auf „Einzelfeuer" eingestellt) ist ein zielgenaues Schießen nahezu ausgeschlossen. Die in unseren Mauerschützenprozessen gehörten Waffensachverständigen haben uns das so erklärt, dass bei Rechtshändern der zwischen Daumen und den übrigen Fingern der linken Hand gehaltene Lauf der Waffe bei „Dauerfeuer" nach oben rechts „auswandert", bei Linkshändern umgekehrt nach oben links. Ich hatte einmal selbst die Gelegenheit, auf einem polizeilichen Schießstand mit der Kalaschnikow zu schießen, allerdings nur mit „Einzelfeuer". Wohin ich getroffen habe, weiß ich nicht mehr, in Erinnerung ist mir der unglaublich laute Knall geblieben, der mich trotz des von mir getragenen Gehörschutzes sehr erschreckt hat.

Nach dem bereits erwähnten Ruf „Halt! Stehenbleiben!" bemerkte der Posten Frädrich, dass der „Grenzverletzter" sich davon unbeeindruckt zeigte und weiter in Richtung auf den abschließenden Grenzzaun zulief und diesen schon fast erreicht hatte. Harry Klamt war rund 50 m von dem Postenturm, auf dem sich die beiden Grenzsoldaten befanden, entfernt. Frädrich, der meinte, für Warnschüsse sei keine Zeit mehr, gab nun mit Dauerfeuer einen oder zwei kurze Feuerstöße, maximal 10 Schuss, auf den Flüchtling ab, um den Grenzdurchbruch zu verhindern. Mittlerweile hatte auch der Postenführer Liebrich seine Kalaschnikow ergriffen und wahrscheinlich auf Einzelfeuer eingestellt. Er gab, entweder unmittelbar nach den Schüssen seines Postens, möglicherweise auch teilweise zeitgleich, zwei oder drei Schuss Einzelfeuer auf Harry Klamt ab. Beide Soldaten, die zur Verhinderung der Flucht gemeinsam (juristisch: als Mittäter) handelten, wollten den Grenzverletzter nicht töten, aber auf jeden Fall befehlsgemäß den Fluchtversuch verhindern; sie zielten daher jedenfalls auf den Flüchtling, nicht neben ihn. Der Angeklagte unseres Verfahrens, Postenführer Liebrich, hat in der Hauptverhandlung bekundet, er habe auf die Beine gezielt, aber ein genaues Zielen sei wegen der Entfernung, des sich bewegenden Zieles und seiner eigenen Aufgeregtheit gar nicht möglich gewesen. Beiden Soldaten war bei der Schussabgabe klar, dass sie den Grenzverletzer möglicherweise auch tödlich treffen könnten; diese an und für sich unerwünschte mögliche Folge ihres Tuns nahmen sie, da sie befehlsgemäß die Flucht verhindern wollten, in Kauf. Tatsächlich wurde Harry Klamt durch einen Schuss im oberen Drittel des rechten Oberschenkels getroffen; es handelte sich um einen glatten Durchschuss ohne Knochenverletzung, was für einen direkten Treffer spricht. Nicht gänzlich auszuschließen, obwohl angesichts des kleinen glatten Einschussloches äußerst unwahrscheinlich, war auch ein Treffer durch eine Querschläger, da an einem direkt neben dem Fluchtort gelegenen Betonpfeiler ein Geschosseinschlag zu verzeichnen war. Welcher der beiden Soldaten letztlich den zur Verletzung führenden Schuss abgegeben hat, konnte die Kammer nicht feststellen; vieles spricht dafür, dass es der später schießende Angeklagte war, da der Flüchtling sich durch die zuvor von Frädrich abgegebenen Schüsse in keiner Weise aufhalten ließ. Harry Klamt gelang es trotz der Schussverletzung, den doppelten Grenzzaun zu überwinden und Westberliner Gebiet zu erreichen. Die beiden Soldaten sahen damit ihre Bemühungen, den Grenzdurchbruch zu verhindern, als gescheitert an; denn es war ihnen streng verboten, auf Westberliner Hoheitsgebiet zu schießen.

So kam es, dass der damals 16 Jahre alte Harry Klamt 28 Jahre nach dem Geschehen dem damals nur wenige Jahre älteren Grenzsoldaten, der auf ihn geschossen hatte, im Gerichtssaal gegenüber stand. Es war dies eine Situation, wie ich sie nur dieses eine Mal erlebt habe, denn in den übrigen fünf von mir geführten Mauerschützenprozesses hatte der „Grenzverletzer" das Geschehen nicht überlebt.

Die Jugendstrafkammer 9 hat Walter Liebrich am 13. März 1995 wegen versuchten Totschlags zu einer Freiheitsstrafe von zehn Monaten mit Strafaussetzung zur Bewährung verurteilt. Zur Besetzung der Kammer gehörte neben einer langjährigen Kollegin noch eine damals junge Richterin, die später zunächst am Landgericht, dann bei der Berliner Polizei und schließlich bei der Generalstaatsanwaltschaft Berlin eine bemerkenswerte Karriere gemacht hat.

Der Angeklagte, beraten von einem schon etwas älteren, kompetenten und seriösen Verteidiger aus dem ehemaligen Ostberlin, legte Revision ein. Der Entscheidung des Bundesgerichtshofes sahen wir gelassen entgegen. Um so größer war unsere Verwunderung, ja Bestürzung, als wir zur Kenntnis nehmen mussten, dass das oberste deutsche Strafgericht unsere Entscheidung durch Urteil vom 24. April 1996 aufgehoben und den Angeklagten freigesprochen hat. Ich hielt damals und halte auch jetzt noch mit dem Abstand von nunmehr einem Vierteljahrhundert diese Entscheidung für falsch.

Der Bundesgerichtshof hat ausgeführt, wir hätten in unserem Urteil den bedingten Tötungsvorsatz des Angeklagten nicht hinreichend belegt. Wir hätten also genauer erklären müssen, dass der Angeklagte bei Schussabgabe gewusst habe, dass er den Flüchtling tödlich hätte treffen können und dass er den Tod gegebenenfalls auch hingenommen hätte. Der Bundesgerichtshof meint in diesem Zusammenhang (für Nichtjuristen schwer verständlich) „Allerdings ist angesichts der Gefährlichkeit des Schusswaffengebrauchs ein bedingter Tötungsvorsatz mit dem Zielen auf die Beine eines Menschen nicht unvereinbar. Es hätte dazu aber näherer Ausführungen bedurft...... Es fehlen auch Erwägungen zur voluntativen Seite des bedingten Tötungsvorsatzes."

Dem kann ich nicht zustimmen; es war schon damals und ist auch heute noch gefestigte Rechtssprechung des Bundesgerichtshofes, dass bei einem besonders gefährlichen Tun eines Angeklagten die Annahme eines bedingten Tötungsvorsatzes (sowohl hinsichtlich des Wissenselementes als auch hinsichtlich des Wollenselementes) naheliegt. Und ein Schuss in die Beine ist ein besonders gefährliches Tun, das leicht zum Tod des Opfers führen kann. Anschaulich wird dies durch den in Kapitel II dieses Buches geschilderten Einzelfall vom 17. Januar 1973, in dem dargelegt wird, wie der „Grenzverletzer" Hans-Friedrich Franck nach einer Durchtrennung der Beinschlagader verblutet ist.

Erstaunlicherweise hat der Bundesgerichtshof die Sache auch nicht an eine andere Kammer des Landgerichts Berlin zurückverwiesen, was nach seinen eigenen Ausführungen eigentlich nahegelegen hätte, sondern hat selbst auf Freispruch erkannt mit dem Argument, er halte „es für ausgeschlossen, dass in einer neuen Hauptverhandlung noch Feststellungen getroffen werden können, die einen Tötungsvorsatz belegen."

Nach meiner Einschätzung wollte der Bundesgerichtshof mit seiner Entscheidung für die Zukunft Verfahren dieser Art nach Möglichkeit vermeiden und die Zahl der Mauerschützenverfahren damit auf die tödlich verlaufenen Vorfälle begrenzen. Dafür spricht der im Folgenden wörtlich zitierte abschließende Absatz der Entscheidung des Bundesgerichtshofes:

„Allgemein wird in Fällen des Schusswaffengebrauchs durch Soldaten an der innerdeutschen Grenze ungeachtet seiner Gefährlichkeit mit Rücksicht auf den Zeitablauf und im Blick auf die den tödlichen Schusswaffengebrauch einschließende Befehlslage, deren unauffällige Nichtbefolgung manche Grenzsoldaten naheliegend erstrebten, ein Tötungsvorsatz regelmäßig schwer zu beweisen sein, wenn ein Flüchtling unverletzt geblieben oder – wie hier – jedenfalls nicht schwer verletzt wurde."

Ob diese Argumentation bei einem Angeklagten mit der Vita von Walter Liebrich überzeugend ist, mag jeder Leser für sich selbst entscheiden. Der Angeklagte hat sich jedenfalls im Verfahren nicht darauf berufen, absichtlich daneben geschossen zu haben.

Übrigens hat es Harry Klamt, der sein Fluchtabenteuer fast mit seinem jungen Leben bezahlt hätte, im Westen nicht wirklich gefallen; nach drei Jahren ist er zu seinen Eltern nach Köpenick zurückgekehrt. Ob seine Flucht für ihn strafrechtliche Folgen hatte, entzieht sich meiner Kenntnis.

VIII.

Die Vergatterung

Auch in meinem letzten Mauerschützenprozess, den ich im Oktober des Jahres 2000 an drei Verhandlungstagen geleitet habe, sorgte der Bundesgerichtshof mit seiner späteren Entscheidung für eine Überraschung. Aber ich greife vor.

Wir befinden uns im Jahr 1974. In Lüttenhagen, einem kleinen Dorf östlich von Neustrelitz in Mecklenburg-Vorpommern, lebt der 68-jährige rüstige Rentner Johannes Sprenger zusammen mit seiner zweiten Ehefrau in bescheidenen, aber auskömmlichen Verhältnissen. Er ist gelernter Straßenbauer und arbeitet trotz Erreichen des Rentenalters noch in einer landwirtschaftlichen Produktionsgenossenschaft (LPG) mit. Seine insgesamt neun Kinder sind alle schon erwachsen. Einen in der Bundesrepublik Deutschland lebenden Sohn hat der Vater in der jüngeren Vergangenheit bereits zweimal besucht, eine Möglichkeit, die die DDR ihren Rentnern einräumt, wohl weil sie meint, deren etwaigen „Verlust" verschmerzen zu können. Johannes Sprenger denkt aber gar nicht daran, in den Westen zu gehen. Er fühlt sich wohl in der DDR, ist seit vielen Jahren Mitglied in der SED, sitzt seit 1970 im Gemeinderat und kandidiert auch wieder für die auf den 19. Mai 1974 terminierte Kommunalwahl.

Im Frühjahr 1974 fällt ein tiefer Schatten auf sein Dasein. Johannes Sprenger erkrankt schwer, die Ärzte diagnostizieren Lungenkrebs. Er kommt in eine Spezialklinik in Berlin-Buch, gelegen im Norden der Stadt. Eine Operation wird aufgrund des fortgeschrittenen Stadiums der Erkrankung und des Alters des Patienten für nicht angebracht erachtet, er wird mit Bestrahlungen behandelt. Bei einem Besuch bei seiner Familie Anfang Mai 1974 äußert er gegenüber seiner Ehefrau die Befürchtung, der nächste Besuch werde nur noch im Sarg stattfinden können. Gegenüber einem seiner Söhne deutet der Vater bei diesem Besuch wegen seiner unheilbaren Erkrankung Suizidgedanken an. Zurück in der Klinik, besucht Johannes Sprenger am Abend des 9. Mai 1974 zusammen mit zwei Mitpatienten die in der Nähe der Klinik gelegene Gaststätte „Schlosskrug", wo er einige Biere konsumiert. Gegen 20 Uhr verlässt er das Lokal. Knapp fünf Stunden später befindet er sich plötzlich ganz im Süden von Berlin, etwa 30 km vom „Schlosskrug" entfernt, im Bezirk Treptow im Ortsteil Alt-Glienicke in der Kleingartensiedlung „Grüneck". Diese Kleingartensiedlung liegt unmittelbar an der Grenze zu dem im Bezirk Neukölln gelegenen zu Berlin (West) gehörenden Ortsteil Rudow. Wie und warum Johannes Sprenger in diese ihm unbekannte Gegend gekommen ist, konnte später vom Gericht nicht geklärt werden. Um 0 Uhr 40 des 10. Mai 1974 überwindet der Rentner jedenfalls mit dem dort befindlichen Hinterlandszaun das erste Sperrelement und begibt sich etwa 100 m von dem Postenturm „Entenfarm" entfernt unmittelbar in den bewachten und durch Scheinwerfer ausgeleuchteten Grenzbereich. Ein Fluchtversuch kann angesichts seines Alters, seiner körperlichen Schwäche und der bereits zweifach durchgeführten Besuche im Westen nahezu ausgeschlossen werden. Es spricht im Hinblick auf seine schwere Erkrankung und die Äußerung gegenüber einem seiner Söhne alles dafür, dass er sich in Suizidabsicht in den unmittelbaren Grenzbereich begeben hat, wissend, dass die Grenzsoldaten in einer derartigen Situation von der Schusswaffe einen tödlichen Gebrauch machen würden. Und so geschieht es dann auch.

Auf dem Postenturm „Entenfarm" haben am 9. Mai 1974 der zwei Monate zuvor 20 Jahre alt gewordene Postenführer Klaus

Adomat und der noch 19-jährige Posten Lothar Bäsicke um 22 Uhr ihren Dienst als Grenzsoldaten angetreten.

Klaus Adomat ist in einem religiös geprägten Elternhaus in Sachsen aufgewachsen. Nach problemlosem Durchlaufen der polytechnischen Oberschule absolvierte er mit Erfolg eine Lehre zum Kfz-Schlosser und arbeitete dann in seiner Lehrfirma, bevor er im Frühjahr 1973 zum Wehrdienst eingezogen wurde. Nach der Grundausbildung wurde er zu den Grenztruppen in das Grenzregiment 42 versetzt. Im Anschluss an die Militärzeit verlief sein weiteres Leben – vor und auch nach der Wende und der Vereinigung der beiden Deutschen Staaten – unauffällig. Klaus Adomat war zu keinem Zeitpunkt Mitglied der SED.

Lothar Bäsicke wuchs in harmonischen familiären Verhältnissen auf. In der Schule war er erfolgreich und erwarb mit guten Leistungen das Abitur. Anschließend wurde er zum Wehrdienst einberufen; auch er kam nach der Grundausbildung zu den Grenztruppen und zum Grenzregiment 42. Nach dem Wehrdienst studierte er Maschinenbau und promovierte später. In meinen 38 Jahren als Richter war Lothar Bäsicke der einzige Angeklagte mit Doktortitel. Er führte vor und auch nach der Wende ein beruflich durchaus erfolgreiches Leben. Nachdem er als Jugendlicher bereits bei den „Jungen Pionieren" war, trat er später der SED bei. Wegen persönlicher Querelen trat er im Jahre 1988 aus der Partei wieder aus.

Zu der Zeit, als die beiden jungen Männer Angehörige des Grenzregiments 42 waren, war der spätere dritte Angeklagte Horst Klawitter als Offizier der Grenztruppen im Dienstgrad eines Oberleutnants dort stellvertretender Kompaniechef. Der damals knapp 28-jährige in Jena geborene Klawitter wuchs in geordneten Verhältnissen auf. Als er nach der Schulzeit zur Armee eingezogen werden sollte, verpflichtete er sich freiwillig langfristig. Daraufhin wurde er von 1966 bis 1969 in der Offiziersschule der Grenztruppen zum Offizier ausgebildet und anschließend zum Grenzregiment 42 versetzt. Dort fungierte er zunächst als stellvertretender Kompaniechef und ab 1975 – nach dem Grenzvorfall, der Gegenstand dieses Kapitels ist – als Kompaniechef. Horst Klawitter war über viele Jahre Mitglied der SED. Kurz vor der Wiedervereinigung trat er aus der Partei aus. Ob dies aus taktischen Erwägungen erfolgte, mag der Leser selbst entscheiden. Jedenfalls war er, nachdem er zwischenzeitlich Planungsaufgaben im Grenzregiment 42 wahrgenommen hatte, ab September 1990 wieder im Grenzschutz der DDR aktiv. Später wurde er in den Bundesgrenzschutz (jetzt: Bundespolizei) übernommen, wo er zum Zeitpunkt des hiesigen Verfahrens im Jahre 2000 als Polizeihauptmeister im Bereich der Verbrechensbekämpfung tätig war.

Alle drei Personen sind weder vor noch nach dem Grenzvorfall am 10. Mai 1974 jemals strafrechtlich in Erscheinung getreten.

Dem Grenzregiment 42 obliegt im Herbst 1974 die Sicherung eines etwa 34 km langen Grenzabschnittes im Bereich zwischen Alt-Glienicke im Ostberliner Bezirk Treptow und Rudow im Westberliner Bezirk Neukölln. Zu den Aufgaben des Angeklagten Klawitter in seiner Eigenschaft als stellvertretender Kompaniechef und zugleich „Kommandeur Grenzsicherung" gehört auch die Vornahme der Vergatterung der Soldaten zu Beginn eines jeden Dienstes. Diese Aufgabe nimmt er (mit großer Wahrscheinlichkeit persönlich, möglicherweise durch Delegierung an einen Untergebenen) auch zu Beginn des Dienstes am 9. Mai 1974, zu dem neben vielen anderen auch die beiden jungen Soldaten Adomat und Bäsicke eingeteilt sind, wahr. Die

Vergatterung besteht – wie in den bereits zuvor geschilderten Fällen – in der konkreten Anordnung an die im Grenzdienst eingesetzten Soldaten, in der bevorstehenden Schicht „Grenzverletzer" in jedem Fall am Überwinden der Grenzanlagen zu hindern, sie festzunehmen oder erforderlichenfalls durch Einsatz der Schusswaffe am Grenzübertritt zu hindern und sie äußerstenfalls auch durch gezielten Schusswaffeneinsatz unter Inkaufnahme einer etwaigen Tötung „zu vernichten"; der mögliche Tod eines „Grenzverletzers" sollte eher hingenommen werden als ein gelungener Grenzdurchbruch. In diesem Sinne ist die Vergatterung von oberster Stelle (Politbüro und Nationaler Verteidigungsrat) gemeint und so wird sie auch in allen Befehlsebenen bis hinunter zu den einfachen Soldaten verstanden. Für die unmittelbar an der Grenze eingesetzten einfachen Soldaten ist die Vergatterung zu Dienstbeginn wichtig, denn es gab Situationen, in denen aus übergeordneten politischen Gründen der „Schießbefehl" ausgesetzt wurde, etwa während der Weltjugendfestspiele in Ostberlin im Sommer des Jahres 1973. Für die Entscheidung der Grenzsoldaten, ob sie auf einen „Grenzverletzer" mit möglicherweise tödlichen Folgen schießen sollten, ist also die Vergatterung ausschlaggebend.

In dem am 9. Mai 1974 um 22 Uhr beginnenden Grenzdienst sind Adomat als Postenführer und Bäsicke als Posten auf dem Beobachtungsturm „Entenfarm" eingesetzt, den sie ohne Genehmigung vor dem Schichtwechsel nicht verlassen dürfen. Der „Kommandeur Grenzsicherung" hält sich in dem etwa sechs Kilometer entfernten „Führungspunkt", einem anderen Wachturm, auf. Der 68-jährige Johannes Sprenger übersteigt etwa eine gute halbe Stunde nach Mitternacht in der Nähe des Turmes „Entenfarm" den Hinterlandsicherungszaun, tritt in den eigentlichen Grenzstreifen und damit in den Lichtkegel eines dort befindlichen Scheinwerfers und bewegt sich parallel zum Grenzverlauf zwischen Hinterlandsicherungszaun und

Grenzsignalzaum auf den Postenturm zu. Der Posten Bäsicke entdeckt den von ihm als „Grenzverletzer" eingestuften Mann aus einer Entfernung von etwa 100 m und meldet dies seinem Postenführer, dem Angeklagten Adomat. Beide vermuten einen Fluchtversuch und meinen, nun entsprechend der Vergatterung handeln zu müssen. Postenführer Adomat gibt daher seinem Posten Bäsicke den Befehl „Schieß". Inzwischen ist Johannes Sprenger auf 60 – 80 m an den Turm „Entenfarm" herangekommen. Der Posten Bäsicke ruft ihn an „Halt! Stehen bleiben!". Diesen Ruf ignorierend, tritt Sprenger aus dem Lichtkegel des Scheinwerfers hinaus und ist nun für das Postenpaar nur noch schemenhaft zu erkennen. In dieser Situation gibt Bäsicke gemäß der Vergatterung und dem Befehl seines Postenführers Adomat mit Dauerfeuer fünf Schuss in Richtung des mutmaßlichen Grenzverletzers ab. Dem Schützen und dem Postenführer ist klar, dass es zum Tod der Person kommen könnte, was beide nicht beabsichtigen, aber als mögliche Folge hinnehmen, da sie meinen, befehlsgemäß handeln zu müssen. Tatsächlich wird Johannes Sprenger durch einen der Schüsse tödlich in die Brust getroffen. Der Postenführer hat nahezu zeitgleich mit der Schussabgabe seines Postens über das Grenzmeldenetz an den „Führungspunkt" das Eindringen eines Grenzverletzers in den Grenzbereich gemeldet. Kurze Zeit später erscheint daher der „Kommandeur Grenzsicherung", der Angeklagte Klawitter, mit seinem Fahrer (der 26 Jahre später in unserem Verfahren auch als Zeuge gehört wurde) in einem Trabant Kübel am Ort des Geschehens. Er verständigt den Regimentsarzt, der um 1 Uhr 10 des 10. Mai 1974 den Tod von Johannes Sprenger aufgrund einer Schussverletzung feststellt. Oberleutnant Klawitter veranlasst noch die Ablösung von Postenführer und Posten. Bereits gut zwei Stunden später wird der Leichnam an die Untersuchungsabteilung der Bezirksverwaltung des Ministeriums für Staatssicherheit übergeben.

Kurz nach dem Vorfall werden Postenführer Adomat und Posten Bäsicke wegen des verhinderten Grenzdurchbruches durch Verleihung des Leistungsabzeichens der Grenztruppen der DDR belobigt. Ihr Vorgesetzter Klawitter erhält aus diesem Grunde eine Auszeichnung in Form einer Geldprämie von 200,- Mark.

Mitte Mai 1974 war das Verhältnis zwischen der BRD und der DDR äußerst angespannt. Am 24. April 1974 war der Kanzleramtsspion Günter Guillaume enttarnt worden, der in Bonn als Stasi-Spitzel im unmittelbaren Umfeld von Bundeskanzler Willy Brandt tätig war. Am 7. Mai 1974, drei Tage vor den tödlichen Schüssen auf Johannes Sprenger, war Willy Brandt als Kanzler zurückgetreten und von Helmut Schmidt beerbt worden. In dieser Situation schien es den Verantwortlichen im Ministerium für Staatssicherheit unangebracht, einen Todesfall an der Grenze publik werden zu lassen, der dann von den westlichen Medien zum Nachteil der DDR ausgeschlachtet werden würde. Man entschloss sich daher, das Geschehen zu verschleiern. Durch verdeckte Ermittlungen am Wohnort des Opfers und seiner Familie in Lüttenhagen brachte die Stasi die Suizidgedanken des Toten gegenüber seinem Sohn in Erfahrung. Das war der ideale Aufhänger. Der Familie wurde vorgegaukelt, dass der als vermisst gemeldete Johannes Sprenger am 20. Mai 1974 in einem Waldstück in der Nähe der Klinik in Berlin-Buch stranguliert aufgefunden worden sei, zweifelsfrei Selbstmord vorliege und angesichts des Zeitablaufes und des Zustandes des Leichnams eine Überführung nicht angebracht sei. Die Familie „schluckte" diese Informationen und verzichtete auf die Überführung der sterblichen Überreste des Ehemannes bzw. Vaters, der dann ohne vorherige Obduktion am 23. Mai 1974 eingeäschert wurde. Am nächsten Tag erfolgte die Überführung der Urne in den Heimatort des Opfers. Am

19. Mai 1974 war Johannes Sprenger erneut in die Gemeinde-
verwaltung gewählt worden; dass er zu diesem Zeitpunkt schon
neun Tage tot war, wussten außer den unmittelbar beteiligten
Grenzsoldaten nur die mit dem Fall beschäftigten Mitarbeiter
des Ministeriums für Staatssicherheit.

Mehr als 26 Jahre später fand an drei Verhandlungstagen im
Oktober des Jahres 2000 der Prozess vor der Jugendstrafkammer 9 des Landgerichts Berlin statt. Das Verfahren gestaltete
sich unkompliziert. Die drei Angeklagten räumten das Geschehen ein; es wurde durch einige Zeugenaussagen, so die des
Fahrers des damaligen stellvertretenden Kompaniechefs, des
Angeklagten Klawitter, ebenso bestätigt wie durch das Verlesen
der seinerzeit von den Grenztruppen und dem Ministerium für
Staatssicherheit gefertigten Berichte, die auch in diesem Fall
wieder umfassend und sorgfältig erstellt waren. Die Angeklagten waren, was den subjektiven Bereich betraf, der Auffassung,
ihr Handeln sei durch die damals geltende Befehlslage in der
DDR gedeckt gewesen.

Die rechtliche Einordnung des Geschehens war hinsichtlich
der Angeklagten Adomat und Bäsicke angesichts der zu diesem
Zeitpunkt bereits gefestigten Rechtsprechung des Bundesgerichtshofes und des Bundesverfassungsgerichtes einfach. Beide
Angeklagte wurden unter Anwendung des milderen bundesdeutschen Rechts wegen gemeinschaftlichen Totschlags in
einem minder schweren Fall verurteilt. Gemäß den Vorgaben
der Obergerichte lag in dem Handeln auf Befehl weder ein
Rechtfertigungs- noch ein Entschuldigungsgrund. Sollten sich
die beiden jungen Männer insoweit geirrt haben (das wäre ein
Verbotsirrtum im Sinne von § 17 StGB), war dieser Irrtum
nach Auffassung der Kammer vermeidbar, da sie bei gehöriger
Anspannung ihres Gewissens hätten erkennen können, dass die

Tötung von unbewaffneten „Grenzverletzern" offensichtliches Unrecht war. Auch insoweit haben wir die Vorgaben von Bundesgerichtshof und Bundesverfassungsgericht berücksichtigt. Damit kamen die Angeklagten Adomat und Bäsicke lediglich in den Genuss einer Strafmilderung, nicht einer Straffreiheit.

Wegen des lange zurückliegenden Tatgeschehens, der Besonderheiten an der deutsch-deutschen Grenze, ihres ganz überwiegenden Geständnisses, ihrer Jugend und ihrer sonstigen völligen Unbescholtenheit wurden sie beide lediglich zu einer Freiheitsstrafe von jeweils neun Monaten mit Strafaussetzung zur Bewährung verurteilt. Die beiden inzwischen nicht mehr so jungen Männer haben das Urteil angenommen und keine Revision eingelegt.

Etwas schwieriger gestaltete sich die rechtliche Bewertung der vom Angeklagten Klawitter vorgenommenen Vergatterung. Erstaunlicherweise war in den inzwischen immerhin fast zehn Jahren seit der Vereinigung am 3. Oktober 1990, soweit ersichtlich, noch nie ein Offizier der Grenztruppen angeklagt worden, der vor einem tödlichen Grenzzwischenfall die Vergatterung der Todesschützen vorgenommen hatte. Insofern hatten diesmal wir Richter der Jugendstrafkammer 9 Pionierarbeit zu leisten. Die Kollegen im Honecker-Verfahren (Kapitel II) hatten die dortigen Angeklagten Kessler und Streletz als Anstifter verurteilt. Das hat der Bundesgerichtshof anders gesehen und sie wegen ihrer herausragenden Rolle innerhalb des Systems als (mittelbare) Täter verurteilt. Unter Berücksichtigung dieser Rechtsprechung haben die Tatrichter im Krenz-Verfahren (Kapitel III) die dortigen Angeklagten ebenfalls als (mittelbare) Täter verurteilt, was der Bundesgerichtshof als richtig bestätigt hat. Hinsichtlich des die Vergatterung vornehmenden Offiziers, der das vorletzte Glied in der langen Befehlskette bis zum einfachen Grenzsoldaten war, haben wir in der Strafkammer

9 die Einstufung als (mittelbarer) Täter als zu weitgehend erachtet. Da der die Vergatterung durchführende Offizier aber für den anstehenden Dienst den Grenzsoldaten den konkreten Befehl gab, „Grenzverletzer" notfalls zu töten, wenn anders ein Grenzdurchbruch nicht verhindert werden kann, haben wir in unserem Verfahren den Angeklagten Klawitter als Anstifter zu dem von den beiden Grenzsoldaten Adomat und Bäsicke begangenen Totschlag angesehen. Hätte Klawitter etwa aus übergeordneten politischen Gründen im Rahmen der Vergatterung den Befehl dahin abgeändert, dass in dieser Schicht nicht geschossen werden solle, hätten die Grenzsoldaten nicht geschossen; Befehlen haben sie gehorcht. Die Situation war aus unserer Sicht nicht anders (obwohl der Vergleich im Tatsächlichen ziemlich hinkt) als wenn ein Bandenchef seinen Gangmitgliedern den Befehl gibt, beim Banküberfall notfalls zu schießen oder auch nicht.

Wir haben daher in unserem Urteil vom 12. Oktober 2000 den Angeklagten Klawitter wegen Anstiftung zum Totschlag zu einer Freiheitsstrafe von 11 Monaten mit Strafaussetzung zur Bewährung verurteilt; eine geringfügig höhere Strafe für den Vorgesetzten der beiden Grenzsoldaten hielten wir für angebracht.

Der Verteidiger des Angeklagten Klawitter, der bereits in Kapitel IV kurz erwähnte ehemalige langjährige Mitarbeiter des Ministeriums für Staatssicherheit, wollte unser Urteil vom Bundesgerichtshof überprüfen lassen und legte daher Revision ein. Nun war zunächst einmal der Generalbundesanwalt an der Reihe, der in jeder vom Bundesgerichtshof zu entscheidenden Sache einen in der Regel sorgfältig begründeten schriftlichen Antrag zu stellen hat, wie aus seiner Sicht zu entscheiden ist. Man wird davon ausgehen können, dass beim Generalbundesanwalt kompetente Strafrechtsexperten tätig sind und auch damals tätig waren. In der Antragsschrift vom Juni 2001 hat der Generalbundesanwalt beantragt, die Revision des Angeklagten Klawitter als unbegründet zu werfen. Zur Begründung heißt es u. a. „ … begegnet auch die Verurteilung wegen Anstiftung keinen Bedenken. Durch die im Urteil mitgeteilten Tatbeiträge ist die Anstiftung hinreichend festgestellt." An anderer Stelle heißt es „ … war er (der Angeklagte Klawitter) auf Grund seiner Funktion mitverantwortlich für die Erzeugung eines bei dem Grenzposten vorhandenen Vorstellungsbildes, das eine Ursache für die Abgabe tödlicher Schüsse durch die Mitangeklagten als Grenzposten war."

Der Bundesgerichtshof hat das anders gesehen. Nun hat er in seiner Entscheidung vom 7. August 2001 nicht etwa, wie es auch denkbar gewesen wäre, den Angeklagten Klawitter als (mittelbaren) Täter angesehen, sondern ihn lediglich der Beihilfe zum Totschlag für schuldig befunden, die von uns verhängte Strafe aber unverändert gelassen. Nach Auffassung des Bundesgerichtshofes leistet also der Chef seinen Untergebenen bei ihrem Tun lediglich Hilfe. So ganz sicher waren sich die Richter des zuständigen Strafsenates möglicherweise aber nicht, wie sich aus einigen Formulierungen herauslesen lässt. So heißt es u.a. „Der Bundesgerichtshof hat über die rechtliche Einordnung des Tatbeitrages der Vergatterung noch nicht verbindlich entschieden…… infolge der vorgesetzten Stellung des Beschwerdeführers … steht sein Tatbeitrag zwar an der Grenze zur mittelbaren Täterschaft bzw. Anstiftung." Der Bundesgerichtshof unterstellt sodann (ich halte das für unzutreffend), dass der Tatentschluss der Grenzsoldaten (also die Bereitschaft zur Abgabe der tödlichen Schüsse) „nicht erst durch die Vergatterung geweckt wurde, sondern …. bereits latent vorhanden und zuvor festgelegt war." Er kommt daher zu folgendem Ergebnis:

„Danach bewertet der Senat den in der Vergatterung liegenden Tatbeitrag ….. lediglich als Beihilfe zum Totschlag."

Der Bundesgerichtshof hat in einer abschließenden Bemerkung die wohl wichtigste Folge seiner Entscheidung hinsichtlich der Vergatterung ausgesprochen: „Die Entscheidung des Senats hat die Konsequenz, dass Fälle der Vergatterung ohne anschließenden tödlichen Schusswaffengebrauch nicht etwa nach den Vorschriften über versuchte Anstiftung …. strafbar sind."

Das ist meines Erachtens der rechtspolitisch äußerst bedeutsame entscheidende Satz. Bei einer rechtlichen Bewertung der Vergatterung als Anstiftung wäre die bundesdeutsche Justiz nach dem Legalitätsprinzip verpflichtet gewesen, hunderttausende von Ermittlungsverfahren wegen versuchter Anstiftung zum Totschlag gegen einen jeden die Vergatterung durchführenden Offizier in den 28 Jahren der Existenz der Mauer und des „Schießbefehls" einzuleiten; die bundesdeutsche Justiz wäre kollabiert. Das wollte der Bundesgerichtshof vermeiden.

IX.

Der erschossene Grenzposten

Friedrich Meier wurde im Februar 1931 in Berlin geboren. Von 1937 bis 1945 besuchte er die Volksschule, erhielt also eine nationalsozialistisch geprägte Schulausbildung. Unklar geblieben ist, ob er – wie viele Kinder damals – aus dem vom Bombenkrieg heimgesuchten Berlin evakuiert worden ist. Nach Kriegsende absolvierte er bis Januar 1949 eine Bäckerlehre. Er lebte zu dieser Zeit im Ostteil der Stadt, war einige Zeit bei der Volkspolizei der DDR tätig, überwarf sich im Zusammenhang mit dem Volksaufstand vom 17. Juni 1953 mit seinen Vorgesetzten, ging in den Westteil der Stadt und wurde bei einem Besuch bei seiner in Ostberlin gebliebenen Ehefrau und den zwei gemeinsamen Kindern festgenommen. Möglicherweise hatte ihn seine Ehefrau bei der Stasi „verpfiffen". Friedrich Meier wurde jedenfalls am 30. April 1954 wegen „Erfindung und Verbreitung friedensgefährdender tendenziöser Gerüchte und Verletzung von Amtsgeheimnissen" (ein typischer Urteilstenor in einem totalitären Staat) zu einer Freiheitsstrafe von zwei Jahren verurteilt, die er teilweise verbüßte, bevor der Strafrest zur Bewährung ausgesetzt und am 20. Januar 1958 erlassen wurde. Nach Scheidung von seiner ersten Ehefrau hatte Friedrich Meier bereits im Mai 1956 erneut geheiratet. Aus dieser zweiten Ehe entstammte ein 1957 geborener schwer geistig behinderter Sohn. Da der frischgebackene Vater für sich und seine Familie keine Perspektive in Ostberlin sah, entschloss sich das Ehepaar, in den Westteil der Stadt zu gehen. Zunächst suchte sich der Ehemann eine Arbeitsstelle in Berlin (West). Nachdem er anfangs dort bei einem Bekannten Unterschlupf gefunden hatte, nahm er sich schließlich eine eigene Wohnung.

Nun sollte peu a peu der materielle Besitz der Familie in den Westteil der Stadt geschafft werden, bevor schließlich Ehefrau und Kind nachkommen würden. In diese Pläne platzte der Mauerbau am 13. August 1961. Die Familie war getrennt. Als Person mit einem Westberliner Ausweis durfte Friedrich Meier nicht in die DDR und nach Ostberlin einreisen. Versuche, Ehefrau und Kind im Wege der Familienzusammenführung in den Westen zu holen, scheiterten an der dies rigoros ablehnenden Haltung der zuständigen Ostberliner Behörden, die der Ehefrau sogar nahe legten, sich von ihrem Ehemann scheiden zu lassen. Drei ebenfalls in Ostberlin lebenden Brüdern von Friedrich Meier gelang im März 1962 mit ihren Familien die Flucht in den Westen. Dies führte dazu, dass Mitarbeiter des Ministeriums für Staatssicherheit ihr besonderes Augenmerk auf die Ehefrau Meier richteten und ihr unmissverständlich klar machten, dass an eine Ausreisegenehmigung auch weiterhin nicht zu denken sei.

In dieser Situation, mit der sich Friedrich Meier nicht abfinden wollte, fing er an, über Fluchtmöglichkeiten für seine Ehefrau und den gemeinsamen Sohn nachzudenken. Ein schon ziemlich weit gediehenes Vorhaben, seine Familie mittels Schlauchboot über den Teltowkanal in den Westen zu holen, scheiterte daran, dass zwei westdeutsche Studenten, die er als Unterstützer gefunden hatte, bei einem Besuch in Ostberlin im April 1962 verhaftet wurden. Die Überlegung, eine Flucht durch die Berliner Kanalisation zu wagen, scheiterte daran, dass von Ostberliner Seite die von Ost nach West führenden Abwasserrohre mittlerweile mit stabilen Gittern verschlossen worden waren. In dieser Situation – seine weiter in Ostberlin ausharrende Ehefrau war schon zunehmend verzweifelt – lernte Friedrich Meier einen „Gesinnungsgenossen" namens Wolfhard Brockmann kennen, der ebenfalls nahe Verwandte aus Ost-Berlin in den Westen holen wollte. Brockmann hatte die schon sehr konkrete Idee, von einer unmittelbar an der Mauer direkt neben dem Springerhochhaus in Kreuzberg gelegenen Baustelle aus einen Tunnel bis unterhalb des Kellers des im Ostberliner Bezirk Mitte in der Zimmerstraße 56 gelegenen Mietshauses zu graben. Friedrich Meier schloss sich diesem Vorhaben an, zumal die Örtlichkeiten insofern sehr geeignet erschienen, als der westliche Tunneleingang von Ostberliner Seite aus nicht einsehbar war. Ende Mai 1962 fingen Brockmann und Meier mit dem Graben an, was aus Sicherheitsgründen ausschließlich nachts durchgeführt wurde. Meiers drei geflüchtete Brüder halfen dabei, außerdem noch einige andere Personen. Die Männer bekamen bald prominente Unterstützung. Etwa eineinhalb Wochen nach Beginn der Arbeiten am Tunnel wurde der Hausmeister des Springerhochhauses auf die nächtlichen Aktivitäten aufmerksam; er informierte seinen Chef, Axel Caesar Springer, der mit seinen Zeitungen am damals bereits heftig auch in den Medien tobenden „Kalten Krieg" intensiv beteiligt war. Axel Springer duldete die Bauarbeiten nicht nur, er unterstützte die Fluchthelfer sogar durch materielle Zuwendungen. Am 17. Juni 1962 (das geschichtsträchtige Datum war sicher ein Zufall) erreichten die Fluchthelfer mit ihrem Tunnel den Bereich unmittelbar unter dem Keller des Hauses Zimmerstraße 56. Meiers Ehefrau war durch einen Boten verklausuliert für den 18. Juni, 18 Uhr, zum Dönhoffplatz in der Nähe des östlichen Tunnelausganges bestellt worden, desgleichen Verwandte von Wolfhard Brockmann und die Verlobte eines der Tunnelbauer. Allen Beteiligten war klar, dass es sich um ein gefährliches Unterfangen handeln würde. Wenige Wochen zuvor, am 23. Mai 1962, war ein 21-jährige Grenzsoldat, der auf einen erst 14-jährigen Flüchtling über 40 Schüsse mit der Kalaschnikow abgegeben, ihn dadurch schwer verletzt und dabei auch auf Westberliner Gebiet geschossen hatte, von Westberliner Polizeibeamten erschossen worden. In dem sich unmittelbar anschließenden Medienkrieg wurden die beiden Schützen von der jeweils anderen Seite als „Mörder" beschimpft, von der eigenen Seite als „Helden" bezeichnet. Willy Brandt, damals Regierender Bürgermeister von Berlin, äußerte in einer recht kämpferischen Rede, die es sich lohnt nachzulesen, zum „Tag der Deutschen Einheit" am 17. Juni 1962 „ ... jeder Berliner soll wissen, dass er den Regierenden Bürgermeister hinter sich hat, wenn er seine Pflicht tut, indem er von seinem Recht auf Notwehr Gebrauch macht und indem er verfolgten Landsleuten den ihm möglichen Schutz gewährt." Zuletzt war kurz zuvor, am 5. Juni 1962, ein Flüchtling bei dem Versuch, die Grenzanlagen zu überwinden, erschossen worden. Gleichwohl wollten die Beteiligten die für den 18. Juni 1962 vorgesehene Flucht in die Tat umsetzen. Verabredungsgemäß sollten Friedrich Meier und zwei seiner Brüder den Durchbruch in den Keller der Zimmerstraße 56 durchführen, während die anderen Beteiligten auf westlicher Seite das Areal beobachten sollten. Friedrich Meier hatte dann auch die Aufgabe übernommen, die fluchtwilligen Personen vom nahen Treffpunkt in den Keller zum Tunneleingang zu geleiten. Im Hinblick auf die den Fluchthelfern bekannte gefährliche Lage hatten sich die drei Brüder jeweils mit scharfen und geladenen Pistolen bewaffnet. Da sich die Arbeit als unerwartet schwierig herausstellte, schafften es die drei Fluchthelfer erst kurz nach 18 Uhr, den Kellerboden des Hauses Zimmerstraße 56 zu durchbrechen und das Haus zu betreten. Während seine beiden Brüder in dem Haus zurückblieben, reinigte Friedrich Meier seine Kleidung und verließ das Haus gegen 18 Uhr 20 über einen Hinterhof und einen Seiteneingang zur Jerusalemer Straße. Der Haupteingang des Hauses auf der Nordseite der Zimmerstraße war zugemauert worden, auf der Südseite der Zimmerstraße stand die Mauer auf der ehemaligen Fahrbahn. In der Jerusalemer Straße traf er auf den 20-jährigen Grenzsoldaten Reinhold Huhn. Friedrich Meier nickte ihm zu, der Grenzposten nickte zurück. Zu den Aufgaben von Reinhold Huhn und seinem Postenführer Brozulat gehörte es, den Grenzbereich in der Zimmerstraße 56 und alle Personen, die dieses Haus betreten wollten, zu kontrollieren. Daher entschlossen sich die beiden Grenzsoldaten, die ihnen unbekannte Person zu kontrollieren, falls sie zum Haus Zimmerstraße 56 zurückkehren würde. Von ihrem in der Nähe befindlichen Postenturm beobachteten sie, dass sich der unbekannte Mann mit mehreren anderen Personen, darunter auch Kindern, in der Leipziger Straße vor einer Buchhandlung traf. Friedrich Meier hatte bemerkt, dass er die Aufmerksamkeit der Grenzsoldaten auf sich gezogen hatte. Gleichwohl kam er am verabredeten Treffpunkt mit allen Fluchtwilligen, darunter seine Frau und sein Sohn, zusammen. Die Ehefrau hatte verabredungsgemäß einen Blumenstrauß dabei, um notfalls einen Geburtstagsbesuch vortäuschen zu können. Während Friedrich Meier nun seine kleine Familie auf Umwegen zur Jerusalemer Straße führte, bemerkte er, dass die ebenfalls fluchtwilligen Verwandten von Wolfhard Brockmann von Polizisten kontrolliert und abgeführt wurden. Er sah seine Fluchtpläne in höchster Gefahr, die noch verstärkt wurde, als er einen Grenzposten in der Nähe des Hauses Zimmerstraße 56 stehen sah. Als dieser Posten sich entfernt hatte, sah Friedrich Meier seine Chance gekommen. Er führte seine Familie zu dem Hintereingang in der Jerusalemer Straße. In diesem Augenblick kam der Posten Reinhold Huhn, der in Meier den Unbekannten von vorhin erkannte, auf ihn zu, um ihn zu kontrollieren. Er hielt ihn und seine Begleitung für Besucher des Hauses Zimmerstraße 56. Friedrich Meier raunte Frau und Sohn noch zu, sie sollten auf jeden Fall weitergehen, was auch immer jetzt passieren würde. Der Posten Huhn forderte die Gruppe nun auf „Halt! Stehen bleiben! Weisen sie sich aus!" Meier erwiderte: „ Mensch, mach keinen Scheiß, Du hast mich doch gerade gesehen. Wir gehen doch nur zum Geburtstag." Reinhold Huhn bestand aber auf einer Ausweiskontrolle. Friedrich Meier war verzweifelt. Er sah seine Fluchtpläne aufs Höchste gefährdet und sein Leben und das seiner Angehörigen in Gefahr, wenn sie die Flucht fortsetzen würden. Seine Freiheit und die seiner Familie sah er in Gefahr, wenn er dem Begehren des Grenzpostens entsprechen würde. In dieser Situation griff er in seine Jacke und holte nicht, wie vom Grenzposten gefordert und erwartet, seinen Ausweis hervor, sondern die mitgeführte, geladene und entsicherte Pistole, Kaliber 7,65 mm, und schoss aus ganz kurzer Entfernung auf den Oberkörper des insoweit ahnungslosen Reinhold Huhn. Der Schuss durchschlug das Herz und führte in kürzester Zeit zum Tode des Grenzsoldaten. Friedrich Meier schrie seiner Familie zu „Rennt! Rennt!". Alle drei rannten in Richtung des Hauses Zimmerstraße 56, um den Tunnel zu erreichen. Der Postenführer Brozulat hatte die Situation vom Postenturm beobachtet, den Knall gehört und gesehen, wie sein Posten zusammenbrach. Da er nicht auf Frauen und Kinder – diese hatte er als solche erkannt – schießen wollte, gab er mit seiner Kalaschnikow zwei nicht gezielte Feuerstöße ab, womit er Friedrich Meier und seine Familie nicht gefährdete. Friedrich Meier und seine Familie konnten zusammen mit den beiden Brüdern durch den Tunnel in den Westen flüchten. Einer der Brüder verlor im Tunnel seine mitgeführte Waffe. Als die Gruppe das westliche Ende des Fluchttunnels erreicht hatte, wurde sie von einer Person, die sich als Mitarbeiter des Staatsschutzes bezeichnete, empfangen. Merkwürdig! Wo kam der plötzlich her, wer hat ihn informiert? Vielleicht Axel Springer? Diese namentlich nicht bekannte Person nahm jedenfalls Friedrich Meier und seinem Bruder die von ihnen getragenen Waffen ab. Gleichzeitig sprach er gegenüber Friedrich Meier die dringende Empfehlung aus, zu verheimlichen, dass er geschossen habe. Diesen Ratschlag griff Friedrich Meier schon bei der ersten Befragung auf, die unmittelbar nach dem Geschehen im Verlagshaus von Axel Springer, einem durchaus ungewöhnlichen Ort für polizeiliche Vernehmungen, stattfand. Er äußerte die Vermutung, dass der Grenzposten von einem anderen Grenzsoldaten versehentlich erschossen worden sei. Die amerikanischen Alliierten haben Meier und seine Familie kurz darauf in ein Übergangslager in der Bundesrepublik Deutschland ausgeflogen.

In das gegen Meier gerichtete Ermittlungsverfahrens hat sich in doch wohl eher unlauterer Weise auch der Bundesnachrichtendienst eingeschaltet; es wurden Westberliner Zeugen präsentiert, die die Version von Friedrich Meier bestätigten, wonach der Grenzposten von seinen eigenen Kameraden versehentlich erschossen worden sei. Gesehen hatten sie tatsächlich nichts. Siebenunddreißig Jahre später stellten sich diese Aussagen als falsch heraus. Man sieht, der Kalte Krieg ist von beiden Seiten damals mit harten Bandagen geführt worden. Das in Berlin (West) geführte Ermittlungsverfahren wurde jedenfalls am 28. November 1962 mangels hinreichenden Tatverdachtes eingestellt; auch die Staatsanwaltschaft ging davon aus (oder wollte davon ausgehen), dass Reinhold Huhn versehentlich von einem anderen Grenzsoldaten erschossen worden ist.

Von den zuständigen Stellen in der DDR wurde bereits am 18. Juni 1962 natürlich auch ein Ermittlungsverfahren eingeleitet. Am 20. Juni 1962 erging gegen Friedrich Meier ein Haftbefehl wegen Mordes. Bis zur Wiedervereinigung der beiden Deutschen Staaten am 3. Oktober 1990 hatte dieser Haftbefehl Bestand. Mit der Wiedervereinigung war nun die Staatsanwaltschaft von Berlin (West) von einem Tag zum anderen auch für alle in Berlin (Ost) anhängigen und noch nicht erledigten

Ermittlungsverfahren zuständig. Es war eine Mammutaufgabe, alle diese Akten erst einmal sicherzustellen, mit Aktenzeichen westlicher Prägung zu versehen, zu sichten, zu bewerten und zu bearbeiten. Dass diese Arbeit nicht in Monaten, sondern nur in Jahren bewältigt werden konnte, erscheint nachvollziehbar. Auf diesem Wege kam auch die Ermittlungsakte Friedrich Meier eines Tages auf den Schreibtisch eines sorgfältig und gewissenhaft arbeitenden Berliner Staatsanwaltes. Und der kam nach Durchsicht und Bewertung der ihm zur Verfügung stehenden Unterlagen und nach vielen weiteren Ermittlungen, die mehr als dreißig Jahre nach dem Geschehen schwierig und mühselig waren, zu dem Ergebnis, dass Friedrich Meier wegen Mordes angeklagt werde müsse. Diese Anklage landete im Jahre 1997 bei meinen Kollegen von der Schwurgerichtskammer 540 des Landgerichts Berlin. Vorsitzende dieser Kammer war eine erfahrene Richterin, die ich aus der Zeit unseres gemeinsamen Studiums an der Freien Universität Berlin gut kannte. Ihr zur Seite standen oder besser saßen zwei kompetente Kollegen, die später am Kammergericht – unterschiedlich intensiv – Karriere gemacht haben. Die Kammermitglieder hielten die Anklage der Staatsanwaltschaft für stichhaltig und erließen am 31. Juli 1997 sogar einen Haftbefehl gegen Friedrich Meier. Dieser, der in den vergangenen Jahrzehnten ein beruflich erfolgreiches und privat unauffälliges Leben geführt hatte, stellte sich daraufhin am 8. August 1997 im Moabiter Gerichtsgebäude und befand sich dann für einige Tage tatsächlich in Untersuchungshaft, bevor er am 12. August vom weiteren Vollzug der Untersuchungshaft verschont wurde. Am 22. Januar 1999 – während des Laufes der mehrmonatigen Hauptverhandlung – wurden Haftbefehl und Haftverschonungsbeschluss aufgehoben.

Die Hauptverhandlung vor der Schwurgerichtskammer begann am 14. Dezember 1998 und endete nach achtzehn Verhandlungstagen mit einem Urteil am 22. April 1999. Der Angeklagte räumte ein, auf den vor ihm stehenden Grenzposten geschossen zu haben, dieser habe aber unmittelbar zuvor ihn und seine Familie mit der auf ihn gerichteten Kalaschnikow und dem Ruf „Frauen und Kinder bleiben stehen oder ich schieße" bedroht, er habe also in Notwehr gehandelt. Diese Version hat ihm die Kammer nach einer umfangreichen und sorgfältigen Beweisaufnahme nicht geglaubt; sie war vielmehr davon überzeugt, dass sich das Geschehen so wie ich es oben dargelegt habe zugetragen hat. Die entscheidende von der Kammer zu beantwortende Frage war es daher, ob ein möglicher Angriff auf die Fortbewegungsfreiheit oder die Freizügigkeit des Angeklagten und seiner Familie vorlag und ob ein solcher es gegebenenfalls rechtfertigen oder entschuldigen könne, einen in der konkreten Situation arglosen Grenzsoldaten zu erschießen. Die Kammer hat eine Einschränkung von Fortbewegungsfreiheit und Freizügigkeit durch die von Reinhold Huhn beabsichtigte Kontrolle zwar bejaht, hat die Beschränkung aber nicht für rechtswidrig gehalten. Nach Auffassung der Kammer ist es „nicht rechtsstaats- und menschenrechtswidrig, die Bevölkerung für das Verlassen des Landes auf bestimmte Grenzübergänge zu verweisen. ..... Die Versagung der Freizügigkeit .... für die Angehörigen des Angeklagten durch die Behörden der DDR führt zu keiner anderen Beurteilung ..." Die Kammer hat auch keinen Entschuldigungsgrund gesehen, da eine Gefahr für Leib und Leben des Angeklagten und seiner Familie nur bei weiterer Durchführung der Flucht bestanden hätte. Schließlich hat das Gericht einen möglicherweise bei dem Angeklagten Friedrich Meier vorliegenden Verbotsirrtum als vermeidbar angesehen. Das entscheidende Argument der Kammer war dabei das Folgende: „Vor diesem Hintergrund musste es jedem, der sich Gedanken macht, einleuchten, dass man sich den Weg aus der DDR nicht freischießen darf, jedenfalls dann nicht, wenn man sich nicht selbst in konkreter Lebensgefahr befindet."

Dieser These kann ich nur zustimmen!

Das Schwurgericht hat den Angeklagten am 22. April 1999 wegen Totschlags in einem minder schweren Fall zu einer

Freiheitsstrafe von einem Jahr mit Strafaussetzung zur Bewährung

verurteilt. Den angeklagten Mord hat es nicht bejaht, weil Friedrich Meier die Arg- und Wehrlosigkeit von Reinhold Huhn (dabei handelt es sich um ein sogenanntes „Mordmerkmal", das bei Vorliegen aus einem Totschlag einen Mord macht) nicht bewusst ausgenutzt habe. Das Gericht hat also den Mord aus subjektiven Gründen verneint mit der Erwägung, der Angeklagte sei in der damaligen Situation extrem aufgeregt gewesen. Bei der Strafzumessung hat die Kammer berücksichtigt, dass Friedrich Meier vor und nach der Tat strafrechtlich nie in Erscheinung getreten ist, dass die Tat 37 Jahre zurück liegt und sie sich nur aus der besonderen gesellschaftlichen und politischen Situation im Jahre 1962 ergeben habe.

Die Staatsanwaltschaft konnte mit diesem Urteil leben und hat kein Rechtsmittel eingelegt. Der Angeklagte aber wollte einen Freispruch erreichen und hoffte auf den Bundesgerichtshof. Der Bruder des erschossenen Grenzsoldaten, der im Verfahren als Nebenkläger aufgetreten ist, wollte demgegenüber eine Verurteilung wegen Mordes erreichen.

Der Bundesgerichtshof hat das Vorliegen von Notwehr oder Notstand und damit einen Rechtfertigungsgrund verneint. Der entscheidende, etwas kompliziert formulierte Satz insoweit lautet: „Es war ihm (dem Angeklagten) trotz der schwer erträglichen Trennungssituation für seine Familie und vor dem Hintergrund menschenrechtswidriger Versagung von Ausreisefreiheit gleichwohl zuzumuten, die Gefahr im Blick auf die Bedeutung des Lebensrechts des betroffenen Grenzpostens insoweit hinzunehmen, als er sie nicht durch dessen vorsätzliche Tötung abwenden durfte."

Ansonsten hat der Bundesgerichtshof auch in diesem Verfahren wieder etwas getan, was er im Zusammenhang mit den Prozessen wegen der Toten an der Grenze häufig getan hat; er hat nämlich das Urteil dahin korrigiert, dass er das Mordmerkmal der „Heimtücke" auch im subjektiven Bereich und damit einen Mord bejaht hat. Den Urteilsausspruch hat er entsprechend abgeändert, die von ihm als angemessen erachtete Strafe aber unverändert gelassen.

Friedrich Meier war empört und hat das Bundesverfassungsgericht angerufen, das seine Verfassungsbeschwerde am 30. November 2000 als unbegründet verworfen hat.

Sowohl der Todesschütze als auch der Bruder des Getöteten sind – aus unterschiedlichen Gründen – unzufrieden mit dem Ausgang des Verfahrens.

X.

Eine Bilanz

In diesem letzten Kapitel will ich versuchen, Antworten auf die im Vorwort gestellten Fragen zu geben.

Hat sich die Befürchtung, man würde die „Kleinen" hängen und die „Großen" laufen lassen, bewahrheitet? Zur Beantwortung dieser Frage stelle ich hier noch einmal die in den einzelnen Kapiteln bereits dargelegten verhängten Strafen zusammen.

Als (mittelbare) Täter eines Totschlags wurden lediglich fünf hohe Verantwortungsträger der DDR verurteilt, nämlich

- der ehemaligen Verteidigungsminister der DDR Heinz Kessler zu einer Strafe von 7 Jahren und 6 Monaten

- Politbüromitglied Egon Krenz zu einer Strafe von 6 Jahren und 6 Monaten

- der Chef der Grenztruppen der DDR Klaus-Dieter Baugarten zu einer Strafe von 6 Jahren und 6 Monaten

- Heinz Streletz als Mitglied des Nationalen Verteidigungsrates zu einer Strafe von 5 Jahren und 6 Monaten verurteilt

- das weitere Mitglied des Nationalen Verteidigungsrates Albrecht unter Einbeziehung einer Strafe aus einem anderen Verfahren zu einer Gesamtstrafe von 5 Jahren und 1 Monat.

Die übrigen Angeklagten in den Verfahren gegen ebenfalls gehobene Verantwortungsträger wurden wegen Beihilfe zu den Tötungsdelikten zu Strafen zwischen 3 Jahren und 9 Monaten (ohne Bewährung) und 1 Jahr und 10 Monaten (mit Strafaussetzung zur Bewährung) verurteilt.

Die „kleinen" Grenzsoldaten, also die Befehlsempfänger auf der untersten Stufe, wurden, soweit mir bekannt ist, ausnahmslos zu Bewährungsstrafen, deren Höhe maximal 2 Jahre betragen hat, verurteilt. In den von mir geführten sechs Mauerschützenprozessen bewegten sich die Bewährungsstrafen zwischen 9 Monaten als niedrigster Strafe und 1 Jahr und 9 Monaten als höchster Strafe. Keiner der Grenzsoldaten musste also seine Strafe in einer Haftanstalt verbüßen.

Die eingangs gestellte erste Frage ist daher eindeutig mit „nein" zu beantworten. Die Abstufung der verhängten Strafen der Höhe nach stimmte mit dem Grad der Verantwortlichkeit der jeweiligen Angeklagten überein.

War es nun eine „Siegerjustiz", wie Egon Krenz in seinem letzten Wort (vgl. Kapitel III) unterstellt hat? Zunächst sollte einmal festgehalten werden, dass „Sieger" nicht die Bundesrepublik Deutschland war, sondern die Bürger der DDR, die eine friedliche Revolution ohne jedes Blutvergießen (was auch einigen der damaligen Machthaber, insbesondere Egon Krenz, zu verdanken ist) zu einem erfolgreichen Ende gebracht haben und ein autoritäres und die Freiheit ihrer Bürger in vielfältiger Weise jahrzehntelang beschneidendes System gestürzt haben. Freilich hätte es die hier geschilderten Strafverfahren ohne die Vereinigung der beiden Deutschen Staaten so nicht gegeben. Ob es in einer weiter bestehenden DDR Prozesse gegen die Verantwortungsträger gegeben hätte und welchen Verlauf diese dann genommen hätten, diese Frage lässt sich – da hypothetisch – nicht beantworten. Sofern man zu der Meinung gelangen sollte, der Umstand der Vereinigung und die sich daraus ergebende Zuständigkeit der „Westjustiz" würde bereits ausreichen, um von „Siegerjustiz" zu sprechen, so war es jedenfalls eine äußerst maßvolle Justiz. Die Geschichte zeigt, dass Sieger mit Verlierern oft sehr viel härter umgehen. Ein besonders krasses Beispiel dafür ist das Vorgehen des „außerordentlichen Militärtribunals" am 25. Dezember 1989 gegen den rumänischen Staatschef Ceausescu und seine Frau Elena, die nach einem 90 min. (!) dauernden Schauprozess und nur 10 min. nach „Urteilsverkündung" hingerichtet oder vielleicht eher ermordet worden sind. Was mögen Erich und Margot Honecker da wohl gedacht haben?

Ein aus meiner Sicht sehr wichtiges Indiz gegen die Annahme einer „Siegerjustiz" ist das in Kapitel IX geschilderte Verfahren wegen der Erschießung eines Grenzsoldaten durch einen westlichen Fluchthelfer. Dieses 37 Jahre nach dem Vorfall geführte Strafverfahren macht deutlich, dass die Staatsanwaltschaft nach dem Fall der Mauer und der Vereinigung der beiden Deutschen Staaten in beide Richtungen ermittelt und angeklagt hat und die Gerichte auch insoweit zu einer Verurteilung – sogar wegen Mordes – gekommen sind. Die bundesdeutsche Justiz hat unmissverständlich ausgesprochen, dass die vorsätzliche Tötung eines Menschen auch aus einer nachvollziehbaren Motivation heraus nicht hinnehmbar ist und strafrechtliche Konsequenzen nach sich zieht.

Daher ist auch die Frage, ob eine „Siegerjustiz" vorlag, mit „nein" zu beantworten.

Die dritte, durchaus nicht so einfach zu beantwortende Frage ist die nach der Rechtsstaatlichkeit der Urteile des Berliner Landgerichts, des Bundesgerichtshofes, des Bundesverfassungsgerichts und schließlich des Europäischen Gerichtshofes für Menschenrechte. Ausgangspunkt der dazu anzustellenden Überlegungen ist der alte römisch-rechtliche Grundsatz „nulla poena sine lege" (keine Strafe ohne Gesetz), der in das bundesdeutsche Grundgesetz in Artikel 103 Abs. 2 GG Eingang gefunden hat. Es muss zur Zeit der relevanten Taten ein Gesetz geben, das das fragliche Tun unter Strafe stellt. Ein derartiges Gesetz gab es fraglos in der DDR, auch dort war das vorsätzliche Töten eines Menschen unter Strafe gestellt. Dass die Vorgehensweisen an der Grenze mit tödlichem Ausgang für die Flüchtlinge in der DDR keine strafrechtlichen Ermittlungen nach sich zogen, die Verantwortlichen vielmehr belobigt worden sind, ändert daran nichts. Bundesgerichtshof, Bundesverfassungsgericht und ausdrücklich auch der Europäische Gerichtshof für Menschenrechte haben festgehalten, dass es unter rechtstaatlichen Gesichtspunkten unbedenklich ist, ein seinerzeit in der DDR geltendes Gesetz im Lichte der Grundsätze eines Rechtsstaates anzuwenden und auszulegen. Dieser Wertung schließe ich mich an; wenn in der DDR tödliche Grenzvorfälle strafrechtlich nicht überprüft worden sind, ist es rechtsstaatlich in Ordnung, wenn dies nach der Vereinigung nachgeholt worden ist. Dass es letztlich zur Anwendung des bundesdeutschen Rechtes kam, weil dieses einen minder schweren Fall des Totschlags kennt und daher das mildere Recht darstellt, wirkt sich zugunsten der Angeklagten aus und ist daher nicht zu beanstanden.

Rechtsstaatlich ebenfalls nicht zu beanstanden ist der Umstand, dass die gesamte Zeit der Existenz der DDR für die Verjährungsfrage außer Betracht geblieben ist. Taten, die in der Staatspraxis der DDR nicht verfolgt worden sind, sollten während dieser Zeit auch nicht verjähren können. Einen Vertrauensschutz dahingehend, dass Unrecht verjährt, gibt es nicht.

Nun gab es aber in der DDR ab 1982 das Grenzgesetz, welches das Erschießen eines Grenzverletzers, wenn andere Maßnahmen die Flucht nicht zuverlässig verhindern konnten, gerechtfertigt hat; auch schon vor 1982 gab es eine dieser Regelung entsprechende Rechtslage in der DDR. Die Obergerichte in der Bundesrepublik Deutschland haben diesen Rechtfertigungsgrund als unbeachtlich erklärt. Kernargument ist Folgendes: „Wegen offensichtlichen, unerträglichen Verstoßes gegen elementare Gebote der Gerechtigkeit und gegen die Menschenrechte, die zu schützen sich die DDR als Vertragsstaat des Internationalen Paktes über bürgerliche und politische Rechte vom 19.12.1966 verpflichtet hatte, konnte § 27 des Grenzgesetzes der DDR ...... keine rechtfertigende Wirkung entfalten." Auch dieser Wertung kann ich mich – jedenfalls für die Verantwortungsträger in der DDR – anschließen. Schweres Unrecht wie die vorsätzliche Tötung eines Menschen sollte nicht durch den Formalakt einer Gesetzgebung zu Recht erklärt werden können. Allerdings besteht insoweit unter rechtsstaatlichen Aspekten noch ein weiteres Problem. Nach dem schon zitierten Artikel 103 Abs. 2 GG besteht für den Bereich des Strafrechtes ein Rückwirkungsverbot; das bedeutet, eine Handlung kann nicht nachträglich durch Gesetzesänderungen oder auch Nichtbeachtung von bestehenden Gesetzen für strafbar erklärt werden. Diese Regelung von Verfassungsrang hat grundsätzlich auch Bedeutung für Rechtfertigungsgründe. Nach Auffassung des Bundesgerichtshofes gilt das Rückwirkungsverbot aber für die Fälle der Tötung von Flüchtlingen an der Grenze aus folgenden Gründen nicht: Die Erwartung, das Recht werde, wie in der Staatspraxis der DDR zur Tatzeit, auch in Zukunft so angewandt werden, dass ein menschenrechtswidriger Rechtfertigungsgrund anerkannt wird, ist nicht schutzwürdig. Die Nichtanwendung dieses Rechtfertigungsgrundes durch bundesdeutsche Gerichte sei keine Willkür.

Das Bundesverfassungsgericht hat diese Auslegung als verfassungskonform gebilligt und ausgeführt, in diesen besonders gelagerten Fällen müsse der ansonsten geltende strikte Schutz von Vertrauen auf das durch Art. 103 Abs. 2 GG geschützte Rückwirkungsverbot zurücktreten. Auch dieser Wertung kann meines Erachtens zugestimmt werden; wenn ein Gesetz die Tötung von unbewaffneten Flüchtlingen rechtfertigt, halte ich es unter rechtstaatlichen Aspekten für vertretbar, es unberücksichtigt zu lassen.

Schließlich hat sich der Bundesgerichtshof auch mit der Frage des Verbotsirrtums befasst, den das Landgericht im Politbüroprozess (vgl. Kapitel III) den Angeklagten Schabowski und Kleiber zugebilligt hat. Das Landgericht ist davon ausgegangen, dass diese beiden Angeklagten ihr Mitwirken an den Beschlüssen, die letztlich für das tödliche Vorgehen an der Grenze relevant waren, für nicht rechtswidrig gehalten haben; das Gericht war aber der Auffassung, diese beiden Angeklagten hätten diesen Irrtum angesichts der Offensichtlichkeit der Unrechtmäßigkeit ihrer Taten vermeiden können. Diese Entscheidung hat der Bundesgerichtshof gebilligt.

Zusammenfassend ist aus meiner Sicht insoweit festzustellen, dass die in den Kapiteln II bis IV dargestellten Verfahren gegen hohe Verantwortungsträger der DDR korrekt abgelaufen sind und ihre Verurteilungen zu Recht erfolgt sind. Obwohl ich die rechtlichen Erwägungen der Obergerichte in Kapitel VI mit Kunstfiguren aus dem Eiskunstlauf verglichen habe, meine ich doch, dass letztlich rechtsstaatlichen Ansprüchen genügt worden ist. Um es einmal unjuristisch auszudrücken: Diese Angeklagten waren intelligent genug, um zu wissen, dass die Errichtung der Mauer in Berlin und der Grenzanlagen zur Bundesrepublik Deutschland dem Bevölkerungsschwund des Staates DDR vorbeugen und nicht etwa – wie in der DDR offiziell propagiert – einen Einmarsch der Bundeswehr verhindern sollten. Insbesondere im Sommer 1961 verließen täglich tausende vornehmlich gut ausgebildeter Bürger den Arbeiter- und Bauernstaat. Das sollte mit allen Mitteln auch nach dem Bau der Mauer unterbunden werden. Zu diesem Zweck wurde angeordnet, dass „Grenzverletzer" – tatsächlich handelte es sich weit überwiegend um unbewaffnete und damit völlig ungefährliche Flüchtlinge – erforderlichenfalls „zu vernichten", also zu töten, seien. Ich bin der Überzeugung, dass die angeklagten Verantwortungsträger wussten, dass diese Vorgehensweise staatlich angeordnetes und von ihnen mit zu verantwortendes Unrecht war. Sie sind daher zu Recht verurteilt worden.

Eine andere Frage ist es, ob auch die Verurteilungen der „kleinen" Mauerschützen zu Recht erfolgt sind. In diesem Zusammenhang ist der Frage nachzugehen, ob den Grenzsoldaten, die tödliche Schüsse auf Flüchtlinge abgegeben haben, dabei der Entschuldigungsgrund des „Handelns auf Befehl" zugute kommen kann; wenn das der Fall ist, wären sie nicht zu bestrafen gewesen. In § 258 Abs. 1 StGB-DDR und in § 5 Abs. 1 des bundesdeutschen Wehrstrafgesetz gibt es eine weitgehend übereinstimmende Regelung, wonach ein auf Befehl handelnder Soldat nicht bestraft werden darf (vgl. auch schon Kapitel VI). Dies gilt grundsätzlich auch dann, wenn – wie in den Fällen der befohlenen Tötung von wehrlosen Flüchtlingen – der entsprechende Befehl rechtswidrig war. Der Soldat kann in einem derartigen Fall nur ausnahmsweise dann bestraft werden, wenn die Rechtswidrigkeit des Befehls nach den dem Soldaten bekannten Umständen „offensichtlich" ist. Der Bundesgerichtshof hat in einer Entscheidung vom November 1992 ausdrücklich darauf hingewiesen, dass der Soldat insoweit keine Prüfungspflicht hat; wo er Zweifel hat, die er nicht beheben kann, darf er dem Befehl folgen. Offensichtlich ist der Strafrechtsverstoß nur dann, wenn er jenseits aller Zweifel liegt. An anderer Stelle hat der Bundesgerichtshof darauf hingewiesen, dass den Grenzsoldaten im Rahmen ihrer Ausbildung durch Politoffiziere vermittelt wurde, dass Flüchtlinge „Feinde des Friedens", dass sie „Verräter" und „Verbrecher" seien, dass „jede Grenzverletzung ein Verbrechen" sei und „jeder Grenzverletzer seinen eigenen Tod in Kauf nähme". In einem weiteren Urteil des Bundesgerichtshofes heißt es „Im Interesse der militärischen Disziplin und wegen des Drucks, den ein militärischer Befehl auf den Untergebenen ausübt, sind an die Annahme der Offensichtlichkeit hohe Anforderungen zu stellen". Das Bundesverfassungsgericht hat in einer Entscheidung vom November 1996 noch zusätzlich darauf hingewiesen, dass sich Bedenken gegen die Erkennbarkeit des Strafrechtsverstoßes auch aus dem Umstand ergeben können, dass die Staatsführung der DDR den Rechtfertigungsgrund des „Handelns auf Befehl" mit staatlicher Autorität ausgeweitet und dies den Soldaten vermittelt hat.

Zusammengefasst kann man sagen, dass die Obergerichte die Annahme einer „Offensichtlichkeit" an ganz hohe Hürden geknüpft haben. Der einfache Grenzsoldat kann danach in den hier zur Diskussion stehenden Fällen nur dann bestraft werden, wenn er ohne zusätzliches Nachdenken außerhalb jeden Zweifels erkannt hat, dass die Schüsse auf „Grenzverletzer" ganz offensichtlich wegen elementarer Verstöße gegen die Menschlichkeit rechtswidrig waren. Soweit mir bekannt ist, haben die zur erstinstanzlichen Entscheidung in Mauerschützensachen zuständigen Schwurgerichtskammern und Jugendkammern des Landgerichts Berlin in keinem einzigen Fall die Verurteilung eines Grenzsoldaten daran scheitern lassen, dass er die Offensichtlichkeit der Rechtswidrigkeit des Befehls nicht habe erkennen können. Und Bundesgerichtshof und Bundesverfassungsgericht, die diese hohen Hürden aufgestellt haben, haben in keinem mir bekannten Fall ein Urteil deswegen aufgehoben, weil das Untergericht diese „Offensichtlichkeit" der Rechtswidrigkeit des Befehls zu Unrecht angenommen hätte. Gleiches gilt hinsichtlich der Frage, ob dem Grenzsoldaten möglicherweise ein entschuldigender Verbotsirrtum nach § 17 StGB zugute kommen kann. Dies wäre dann der Fall, wenn ihnen aufgrund ihrer Erziehung, Ausbildung und der Befehlslage die Einsicht gefehlt hätte, Unrecht zu tun und dieser Irrtum unvermeidbar gewesen wäre. Insoweit haben die Tatgerichte – die Strafkammer 9, der ich angehörte, eingeschlossen – mit Billigung von Bundesgerichtshof und Bundesverfassungsgericht stets angenommen, ein solcher Irrtum habe zwar vorgelegen, dieser sei aber auch für einen indoktrinierten Grenzsoldaten angesichts des schrecklichen und jeder möglichen Rechtfertigung entzogenen Tuns ohne weiteres vermeidbar gewesen. Der Bundesgerichtshof hat in einer Entscheidung vom März 1993 ausgeführt, wenn der Strafrechtsverstoß offensichtlich im Sinne von § 5 Wehrstrafgesetz sei, sei der Irrtum nach § 17 StGB regelmäßig auch vermeidbar.

Gegenüber dieser Rechtsprechung hatte ich – auch wenn ich ihr mit meinen Kollegen in „meinen" Mauerschützenverfahren gefolgt bin – von Anfang an gewisse Bedenken. Ausschlaggebend für meine Skepsis war der Umstand, dass die politische Indoktrination der jungen Grenzsoldaten ja beileibe nicht erst durch die dafür extra geschulten Politoffiziere bei den Grenztruppen begonnen hat. Als Kinder haben diese jungen Menschen in der DDR zunächst die Kita besucht, wo in kindgerechter Form die politische Erziehung, wonach die DDR im Gegensatz zur BRD ein friedliebender Staat sei, schon begonnen hat. Dies setzte sich in intensiverer Form im Schulunterricht fort. In dem Fach „Staatsbürgerkunde" heißt es in einem Lehrbuch für die Klassenstufe 8, das in der 3. Auflage 1986, drei Jahre vor dem Fall der Mauer, erschienen ist, in Kapitel III unter der Überschrift „Die sozialistische DDR und die imperialistische BRD" im Text: „Die sozialistischen Staaten, besonders die Sowjetunion, haben vielfältige Schritte vorgeschlagen, um den Frieden dauerhaft zu sichern." Wenige Zeilen später wird ausgeführt: „Im Gegensatz dazu beschleunigen die Regierungen der USA, der BRD …. und anderer NATO-Staaten die Hochrüstung, ….. sie führt die Menschheit an den Rand eines atomaren Krieges." Auch der aus DDR-Sicht zur Verhinderung der Ausblutung des Staates notwendige Mauerbau am 13. August 1961 wird interessant begründet: „Die NATO hatte detaillierte Pläne für einen Überfall auf die DDR aufgestellt. In einem Blitzkrieg sollte die DDR überrollt werden." Weiter wird dann erläutert: „In der Nacht vom 12. zum 13.August begann die Aktion, die die Imperialisten in der ganzen Welt überraschte und ernüchterte. … damit wurde der Frieden in Europa gerettet." Kann man nun von einem jungen Mann von 19 oder 20 Jahren, der sein ganzes Leben dieser politischen Indoktrination ausgesetzt war, der auch von seiner Staatsführung immer wieder hört, wie wichtig die Sicherung der Staatsgrenze der DDR für die Erhaltung des Friedens ist, der vielleicht im „Tal der Ahnungslosen" in Dresden ohne die Möglichkeit, Westfernsehen zu empfangen, aufgewachsen ist, und der dann in eine militärische Einrichtung eingebunden ist, die – wie alle Armeen der Welt – auf dem Prinzip von Befehl und Gehorsam basiert, erwarten, dass ihm gleichwohl jenseits jeden Zweifels klar ist, dass der ihm erteilte Befehl, Grenzdurchbrüche notfalls auch mit tödlicher Waffengewalt zu verhindern, rechtwidrig ist? Von einem jungen Mann, der vielleicht kein angehender Philosophie- oder Jurastudent ist, sondern der eher einfach gestrickt ist und aus einer Familie kommt, die dem Staat DDR gegenüber loyal eingestellt ist? Ich meine, da könnte man Zweifel haben. Ich habe zwar diese auch bei mir vorhandenen Zweifel in den von mir geleiteten sechs Mauerschützenverfahren überwunden, gleichwohl bei Verkündung eines solchen Urteils im Juni 1995 – wir haben den Grenzsoldaten wegen Totschlags im minder schweren Fall zu einer Jugendstrafe von 15 Monaten mit Strafaussetzung zur Bewährung verurteilt – angeregt, über die Möglichkeit einer Amnestie für Mauerschützen, sofern kein Exzess vorliegt, nachzudenken. Über diese Anregung ist zwar in der Presse berichtet worden, sie hatte aber keine weiteren Folgen.

So manches Mal habe ich mir in dieser Zeit vorgestellt, wie es wohl wäre, wenn sich das Rad der Geschichte wieder in eine andere Richtung drehen würde. Wenn wir plötzlich eine sozialistische Regierung bekommen hätten, die gegenüber der damaligen Politik der Bundesrepublik Deutschland und ihrer Rechtsprechung zu den Todesfällen an der Grenze negativ eingestellt wäre. Und die nun meine Kolleginnen und Kollegen und mich wegen der „skandalösen Urteile in Sachen Mauerschützen" kritisiert und vielleicht sogar vor Gericht gestellt hätte, weil wir angeblich aus „rein machtpolitischen Gründen" junge Männer, die nur ihre Pflicht getan hätten, kriminalisiert hätten. Man mag einwenden, dass ein solches Szenario schon damals äußerst unwahrscheinlich gewesen ist, bis heute, rund dreißig Jahre nach der Vereinigung der beiden Deutschen Staaten, nicht eingetreten ist und aller Wahrscheinlichkeit nach auch nie eintreten wird. Aber der Fall der Mauer ist auch von niemandem vorhergesehen worden .....

Die wenigen Nazi-Richter, die sich nach 1945 vor Gericht oder anderweitig für ihre Urteile verantworten mussten, haben oftmals behauptet, dass sie von der Richtigkeit ihrer damaligen Entscheidungen felsenfest überzeugt gewesen wären. Ich denke da an den Fall des am Volksgerichtshof als Richter tätig gewesenen Hans-Joachim Rehse, der an mehr als zweihundert Todesurteilen mitgewirkt hat. Die Rechtsprechung des Landgerichts Berlin in diesem Fall in der zweiten Hälfte der 60-er Jahre des vorigen Jahrhunderts ist recht fragwürdig. Nachdem zunächst eine Verurteilung wegen Beihilfe zum Mord zu einer Zuchthausstrafe von fünf Jahren erfolgte, die der Bundesgerichtshof aufhob, sprach das Landgericht Berlin den Angeklagten in einem zweiten Durchgang frei; es habe am Volksgerichtshof keine schweren Verfahrensverstöße gegeben, die damaligen Angeklagten seien in ihrer Verteidigung nicht behindert worden, ein strafbares Verhalten des Angeklagten sei nicht erkennbar. Bevor sich der Bundesgerichtshof erneut mit diesem Fall hätte beschäftigen können, starb der Angeklagte Rehse.

Ich denke auch an den ehemaligen Marinerichter und späteren Ministerpräsidenten von Baden-Württemberg Hans Filbinger, der noch während der Endphase der Nazi-Zeit an Todesurteilen beteiligt war und kurz vor seinem erzwungenen Rücktritt im Jahre 1978 gesagt haben soll „Was damals Recht war, kann heute nicht Unrecht sein".

Ich hätte die felsenfeste Überzeugung von der Richtigkeit meiner Mauerschützenurteile jedenfalls so nicht äußern können!